A. Schück

Alte Schiffskompasse und Kompassteile

A. Schück

Alte Schiffskompasse und Kompassteile

ISBN/EAN: 9783954271467
Erscheinungsjahr: 2012
Erscheinungsort: Bremen, Deutschland

© maritimepress in Europäischer Hochschulverlag GmbH & Co. KG, Fahrenheitstr. 1, 28359 Bremen. Alle Rechte beim Verlag und bei den jeweiligen Lizenzgebern.

www.maritimepress.de | office@maritimepress.de

Bei diesem Titel handelt es sich um den Nachdruck eines historischen, lange vergriffenen Buches. Da elektronische Druckvorlagen für diese Titel nicht existieren, musste auf alte Vorlagen zurückgegriffen werden. Hieraus zwangsläufig resultierende Qualitätsverluste bitten wir zu entschuldigen.

Alte Schiffskompasse
und
Kompassteile
im Besitz Hamburger Staatsanstalten

(mit 11 Tafeln und 3 Abbildungen im Text)

von

A. SCHÜCK, HAMBURG.

SELBSTVERLAG DES VERFASSERS.

HAMBURG 1910.

Druck von J. HEINRICH LÜHRS (vorm. Plesse & Lührs).

Alte Schiffskompasse

und

Kompassteile

im Besitz Hamburger Staatsanstalten

(mit 11 Tafeln und 3 Abbildungen im Text)

von

A. SCHÜCK, HAMBURG.

SELBSTVERLAG DES VERFASSERS.

HAMBURG 1910.

Druck von J. HEINRICH LÜHRS (vorm. Plesse & Lührs).

Alte Kompasse und Kompassteile
im Besitz
Hamburger Staatsanstalten.

Diese Mitteilung ist wieder ermöglicht durch gütige Beiträge folgender Stiftung, Handelskammer, Dampfschiffs-Gesellschaften, Rheder, Vereine und Versicherer; durch sie konnte ich meine nautischen Arbeiten weiterführen.

Löbl. **Bürgermeister Dr. Kellinghusen Stiftung** (*Drs. Hagedorn, Lehmann*). Verehrliche **Handelskammer in Altona** (Kommerzienrat *Johs. A. Menck*), **Hamburg-Amerika Linie** (*Sommer*), **Hamburg-Südamerikanische Dampfschiffahrts-Gesellschaft** (*Th. Amsinck*), **Deutsche Dampfschiffahrts-Gesellschaft Kosmos** (*Overweg, Dr. Bloch*), **Deutsche Ost-Afrika Linie** (*Hertz, Woermann*), **Woermann-Linie** (*A. Amsinck*), **Deutsch-Amerikanische Petroleum-Gesellschaft** (*G. Fimmen*), **Deutsche Levante-Linie** (*Dreessen, Campbell, Petersen*), **Dampfschiffs-Rhederei Union** (*Johs. Kothe, A. Schmidt*), **Hanseatische Dampfer Compagnie, Hamburg-Bremer-Afrika-Linie, Transatlantica Rhederei-Aktiengesellschaft** (*Menzell*), **Aug. Bolten** (*Binder, Gebr. Eckhusen*), **Knöhr & Burchard Nfl.** (*Elvers, Zimmer*), **F. Laeisz** (*Ganszauge, Reisse, Struck*), **A. H. Wappaeus** (*Prehn*), **Norddeutsche Versicherungs-Gesellschaft** (*A. und H. W. Duncker*), **Verein Hamburger Assecuradeure** (*Baumbeck, Duncker, Eckstein, Dr. Knittel*), **Verein Hamburger Rheder** (*A. Ballin, Huldermann*), **Verein für Verbesserungen im Hamburger Hafen** (durch *F. Laeisz*), Kapitän **G. Voss**, Hamburg.

Wie bisher, so danke ich auch diesmal viel gütiger Fürsprache der Herren Direktoren und Sekretäre.

Es ist dies nur ein Teil des Stoffes, den ich sammelte über die Sagen von der Erfindung des Kompasses und über die Entwicklung dieses so wichtigen Hilfsmittels; dies Sammeln, Abzeichnen, Abschreiben, Zusammenstellen ist eine sehr zeitraubende Arbeit; da die hier gebotene als ein, obwohl kleiner, doch in sich abgeschlossener Teil betrachtet werden kann, so bitte, vorläufig mit ihm vorlieb zu nehmen.

Die Änderung in den politischen Verhältnissen und des Besitzes, die man gewöhnlich als Geschichte des betr. Staates betrachtet, sind in hohem Grade abhängig von seiner geographischen Lage und den mehr oder weniger von ihr bedingten Erwerbsverhältnissen. Für Hamburg bildete von jeher die Grundlage des Gedeihens die Vermittlung des Seehandels des gesamten Elbgebiets und die Teilnahme am Seehandel überhaupt; Seehandel und Seefahrt sind unzertrennlich. Seefahrt kann in unseren geographischen Breiten nicht, und mit genügender Sicherheit nirgend betrieben werden ohne Benutzung der Richtkraft des Magnet oder — nach dem Hilfsmittel, dessen Grundlage sie ist — ohne den **Kompass**. — Es zeigte sich, dass im Besitz *Hamburger Staatsanstalten* sind: sieben alte *Kompasse* und mehrere jetzt ausser Gebrauch gekommene, aber eigenartige *Kompassteile*, deren Abbildungen und Beschreibungen ich hier bringe, zusammen mit *Zeichnungen von Kompassrosen* in Hamburger Karten sowie *Zeichnungen von Nord- und Ostmarken* auf Hamburger Kompassrosen. Die Photographie der Zeichnungen und Rosen ist von Herrn *W. Sülter* besorgt, besondere Zeichnungen, Nachhilfe und Verbesserungen meiner Zeichnungen von den Gehilfen Herren *Brockmeyer* und *Heyder*.

Mit Anerkennung und Dank ist zunächst zu erwähnen, dass die *Patriotische Gesellschaft* s. Z. sich Mühe gab um gute Kompasse zu verschaffen; in den »Verhandlungen und Schriften der *Hamburgischen Gesellschaft zur Beförderung der Künste und nützlichen Gewerbe*. Erster Band *Hamburg* bei Carl Ernst Bohn 1792 S. 68« heisst es: »In nächster Verbindung mit dem Wohl der Handlung (d. h. des Handels) stehen auch ihre (der Gesellschaft) **Bestrebungen zum Besten der Navigation**. Gleich im ersten Jahr ihrer Stiftung (1765) war sie auf die Verbesserung des Kompasses bedacht und liess zu diesem Ende die besten Muster aus England und Holland kommen; da aber diese unsern, bisher an den Behelf mit überaus schlechten Kompassen gewohnten Schiffern zu teuer schienen, so liess sie im Jahr 1767 unter ihrer Aufsicht Kompasse von künstlichen Magnetstahlen mit dem Namen der Gesellschaft verfertigen, die bei der nötigen Zuverlässigkeit dennoch äusserst wohlfeil waren und denen eine deutsche und holländische Gebrauchs-Anweisung beigefügt war.«

Ferner liest man in demselben Bande: IV (S. 103) „**Auszug des Verzeichnisses aller in der von der Hamburgischen Gesellschaft zur Beförderung der Künste und nützlichen Gewerbe vom 12. bis zum 24. April d. J. in dem grossen Saal des Ratskellers veranstalteten öffentlichen Ausstellung, von den benannten Künstlern und Handwerkern aufgestellt gewesenen Kunstwerken, Arbeiten und nützlichen Erfindungen**" 1790 bei *Meyn* 24. S. 8. (S. 110—111) »Zwei Kompasse mit künstlichen Stahlmagneten. Auf Veranlassung der Gesellschaft von dem Mechanicus *Neubert* verfertigt. Diese durch vorzügliche Zuverlässigkeit und Wohlfeile sich empfehlende Kompasse sind mit der Inschrift: »Hamburger Gesellschafts Kompasse« versehen und nebst einer gedruckten Beschreibung in deutscher und holländischer Sprache bei Herrn Grenz-Inspektor *Reinke* auf dem kleinen Michaelis Kirchhof Nr. 143 für 4 Rthlr. zu haben.« (Protokollauszüge im Anhang).

Es ist nicht unmöglich, obwohl fraglich, dass das Vorbild von Tafel 5—6 einer der 1765 beschafften englischen Kompasse ist; ob der Tafel 7 abgebildete i. J. 1767 oder 1790 gefertigt ist, muss unentschieden bleiben, doch sollte der »Nachricht für die Schiffer« v. J. 1768 entsprechend d. J. 1790 annehmbarer sein. — Die Ausfertigung der Beschreibung in holländischer Sprache darf nicht wundern, da die meisten Seeleute nur Plattdeutsch verstanden, daher für sie vielfach statt Plattdeutsch Niederdeutsch (wie bis vor nicht langer Zeit die holländische Sprache allgemein hiess) gedruckt wurde, auch die Seeleute von den friesischen Inseln häufig auf holländischen Schiffen fuhren und auf ihnen oder aus holländischen Navigations-Büchern den rechnerischen Teil der Schiffsführung lernten.

Wenn vielleicht nicht in allen, doch in seinen Hauptteilen ist der älteste jener Kompasse ein, dem *Museum für Kunst und Gewerbe* gehörender **Hänge-** (oder **Kajüts-**) **Kompass**, auf den nordfriesischen Inseln wegen einiger Verzierungen auch **Kronen-Kompass** genannt; seine sogen. Rose nebst der Pinne (Stütze) auf der sie sich dreht, ist abgebildet auf Tafel 1, Fig. 1—2. Der Kompass hing unter der Decke bezw. im Oberlicht einer Kajüte oder eines Zimmers, sodass man die auf dem Blatt der Kompassrose gezeichneten Richtungen von unten aus sah: Fig. 1, daher scheint hier die West-Richtung (der Weststrich) hervorgehoben, wie es früher sonst mit dem Oststrich geschah; hält man aber dies Blatt so, dass man es von unten sieht, dann liegt, was hier links ist rechts, der besonders bezeichnete Strich ist also nach Osten gerichtet. Ausser dem, durch die sogen. Lilie gekennzeichneten Norden, hier gleichzeitig die Erde darstellend, zeigen Figuren (statt Buchstaben) die vier Haupt- und vier Hauptzwischen-Richtungen; es sind die fünf früher nur bekannten Planeten nebst Sonne und Mond in der Reihenfolge, in der man sie, wie in alten Zeiten (geozentrisch d. h. die Erde als Mittelpunkt der Welt gedacht) so noch damals, in Büchern aufgezählt findet: Saturn, Jupiter, Mars, Sonne (Sol), Venus, Merkur und Mond (Luna). Dem Verfertiger scheint s. Z. aufgegeben zu sein, auch die Zeichen dieser Gestirne und des Tierkreises zu verwenden, er muss sie jedoch nur oberflächlich gekannt haben, denn von Planetenzeichen ist einigermassen kenntlich, das des Merkur, zu dessen Füssen stehend ☿, ausserdem kann man annehmen, bei Jupiter ist das oben links stehende Zeichen ein schlecht gelungenes dieses Planeten ♃. Von Tierkreiszeichen fehlt das des Löwen ♌ doch mag das bei Venus oben links als solches gelten sollen, dann hat er also Venus zwischen Löwe und Stier gestellt, über der Jungfrau stehend. Bei Jupiter ist das Zeichen rechts oben erklärlich als Versuch das Sternbild des Schützen darzustellen: ein knieender Zentaur, im Begriff vom gespannten Bogen einen Pfeil abzuschiessen; das Tierkreiszeichen: der Schütze ist nur ein Pfeil. Die lanzenähnliche Gestalt der Striche NNO, ONO usw. könnte man für Vereinfachung halten von Verzierungen in einer Kompassrose des Atlas von *Diego Homem*, den die *Königliche, öffentliche Bibliothek in Dresden* besitzt, — wenn es annehmbar wäre, dass der Zeichner der vorliegenden Rose jenen Atlas gekannt hätte. Der Verkäufer der Rose hat nur sein Monogramm angebracht, in einem Schilde, das an das linke Knie der Gerechtigkeit (der Britannia?) lehnt; das andere Schild wird enthalten das Warenzeichen seines Geschäftes oder das Zeichen der Werkstatt, in welcher die Rose gefertigt ist: ein Schiff unter vollen Segeln aber aus älterer Zeit als die wahrscheinliche der Anfertigung der Rose; die Nordmarke mag auch ein Werk- oder Geschäftszeichen sein, sie ist aber Zusammensetzung sehr alter ähnlicher; eigenartiger ist die Ostmarke. Das Land aus dem dies Rosenblatt stammt ist nicht ganz sicher. Der im Mittelfeld am Boden liegende Jakobsstab hat nur drei Schieber wie er auf holländischen Karten öfter gezeichnet ist, ob aber der bei ihm stehende (Hadley's) Spiegel-Quadrant damals in Holland schon, sozusagen, anerkannt war, ist fraglich, ein englischer Instrumentmacher hätte ihn gewiss angebracht; das Zeichen des Steinbocks, bei Saturn oben links, ist genau das in England auch damals gebräuchliche, indes hat der Niederländer *Claes Heynderieks Gietermaker*, Commerz-Bibl., ein ähnliches. Der Maler, der den Druck überpinselte, machte seine Sache nicht gut, so ist auch die Flagge des Schiffes undeutlich, höchst wahrscheinlich soll sie ganz rot sein, dann also die britische, die der Niederlande nicht. Es spricht daher manches dafür, dass dieses Rosenblatt in England gefertigt ist, deshalb ist in dieser Nachbildung in die obere Ecke der Flagge das Unionszeichen gesetzt. Das Jahr der Ausführung ist wahrscheinlich 1768; Herr *Weimar*, vom Museum für Kunst und Gewerbe, fand nämlich durch vorsichtige Entfernung überflüssiger Farbe, dass zu Füssen der Figur von Mars die Zahl 68 steht. — Es ist fraglich, ob viele Abzüge dieser Rose vorhanden sind. — Die Oberseite der Rose Tafel 1, Fig. 2 ist noch eigenartiger. Es ist ebenfalls das Blatt einer Kompassrose aus dünnem gewebten Stoff, wahrscheinlich sehr alt, holländisch und aus mehreren gleichen zusammengesetzt — aber die Zeichnung derselben ist bis vor ungefähr 100 Jahren hier in Hamburg von dem Segelmacher-Geschäft *W. H. Iven* verwendet worden (vergl. deren vor kurzem gedrucktes Familien-Buch) auch der Kompass von *J. C. H. Scheffler* in Hamburg 1815, hat dasselbe Rosenblatt nur verkleinert. Hier ist sie vielfach überklebt mit Papier und Siegellacktropfen, jenes diente zur Befestigung des Magneten, dieses zur Herstellung des Gleichgewichtes, das öfter gestört wurde, sobald ein Auspolieren des Hütchens oder neues Festkleben des Magneten nötig war. Dieser Magnet muss ebenfalls sehr alt sein; als Grundlage für seine Form mag gedient haben, der von *Martin Cortes* abgebildete Magnet (Breve compendia de la sfera e de la arte del navegar. Sevilla 1556). Es sind zwei Eisendräte, in der Mitte halbkreisförmig auseinander gebogen, deren beide Enden zusammengeschweisst, gehärtet und magnetisiert sind, auch scheint der so gebildete, in eine Spitze endende Teil durch Aufschmieden eines Eisenplättchens dicker gemacht zu sein. Diese Form und das Befestigen am Blatte durch Aufkleben mittelst übergelegten Papiers führte natürlich zu grossen Fehlern, jedoch benutzte man solche Magnete immer aufs neue; die Kompassrose von *Wilhelm Hinrich Iven*, in deren Mitte das Hamburger Wappen ist, Tafel 10, Fig. 1, hat auch solchen Magnet. Herr *C. Plath* hier sollte noch 1880 eine Kompassrose mit derartigem Magnet ausbessern, er setzte aber durch, dass sie gänzlich verworfen wurde; einige Jahre später gab er ihn auf mein Ersuchen mit manchen anderen von ihm als unbrauchbar nachgewiesenen Kompassteilen der Sammlung Hamburger Altertümer. — Das Hütchen (der Dobben) in der Mitte der vorliegenden Rose, mit dem diese sich auf die Pinne stützt, ist noch ohne Stein, der das Einbohren letzterer verhindert; seine Gestalt entspricht einem der 1604 von *Nautonnier* abgebildeten (La mécométrie de l'eymant, Commzbibl). Diese Pinne (Stütze) Tafel 1, Fig. 3 besteht nur aus Messing ohne Stahlspitze; sie ist kein einfach gearbeitetes, oben spitz auslaufendes Stäbchen, sondern künstlerisch konisch gedreht, sogar vergoldet. — Der hier nicht gezeichnete Kompasskessel ist eine Halbkugel aus reinem hellen Glase, der Boden zentrisch durchbohrt zur Aufnahme der Fussschraube der Pinne, die durch eine Schraubenmutter im Glase zentrisch und senkrecht gehalten wird.

Zur, vor ein Paar Jahren geschehenen Erwerbung dieses Kompasses kann man das Museum für Kunst und Gewerbe im Besonderen, sowie Hamburg selbst nur beglückwünschen; den Herren Direktor Prof. *Dr. Brinckmann, Weimar* und beteiligten Beamten habe ich zu danken für das weitgehende Entgegenkommen bei Benutzung des Kompasses. — Die Steinritzung wurde ausgeführt vom Gehilfen der Gebrüder *Sülter,* Herr *Brockmeyer.* — Tafel 1. Fig. 4 a und b wird später erwähnt.

Tafel 2 Fig. 1, Tafel 3 Fig. 1 — 2, Tafel 4 Fig. 1 — 2 zeigen ein **Prachtstück eines Kompasses,** Eigentum der *Hamburger Patriotischen Gesellschaft;* der Verfertiger und die Zeit der Herstellung sind auf der Rose genannt, dort steht: *Manoel Ferreira* Portugal a fas Em Lisboa em Setembro de 1771; Herr Ingenieur *Hennicke* s. Z. Vorsteher jener Gesellschaft fand ihn mit wertvollen Schriftstücken in einem alten Schrank auf dem Boden des Gebäudes derselben, seitdem wird er in der Bibliothek verwahrt und soll, sobald das Museum für hamburgische Geschichte ein eigenes Haus bezieht, diesem überwiesen werden unter Vorbehalt des Eigentumsrecht der Patriotischen Gesellschaft; wie er in deren Besitz gekommen, ist bisher nicht bekannt. Herr *Hattasch,* damals Verwalter der Patentschriften-Sammlung, machte mich auf ihn aufmerksam, als ich die Patente durchsah für meine Arbeit über die Entwicklung des Kompasses, — sein Nachfolger Herr *Frank* ferner Herr *Martinot* Bibliothekar der Patriotischen Gesellschaft und sein Gehilfe Herr *Bielenberg* gaben mit gütiger Erlaubnis von Herrn *Prof. Dr. Reinmüller* jede mögliche Unterstützung und Erleichterung beim Photographieren und Abzeichnen des Kompasses. Er ist eigenartig durch seine quadratische Form, die allerdings einigen noch jetzt lebenden sehr alten Seefahrern nicht unbekannt sein mag, dann wegen seiner Peil(Visir)vorrichtungen und wegen der künstlerischen Ausschmückung der inneren Teile. — Wann diese v i e r e c k i g e n i n n e r e n K o m p a s s k a s t e n in Aufnahme kamen, ist nicht ersichtlich, bei den Vorgängern des Kompasses wird eine bestimmte Form des Gefässes nicht erwähnt; die erste bis jetzt bekannte rohe Zeichnung veröffentlichte Herr Professor *E. Wiedemann* (Erlangen), in B e r i c h t e (V e r h a n d l u n g e n) d e r D e u t s c h e n P h y s i k a l i s c h e n G e s e l l s c h a f t XI 1909, Nr. 10,11, Juni 15., S. 265, aus der L e h r e v o n d e r m e c h a n i s c h e n T a s c h e n s p i e l e r e i des *Muhammad Ibn Abi Bakr al Zarchûri al Misri* (aus Ä g y p t e n; — Universität-Bibl. Leiden) v. J. 802 d. H. 1399/1400 n. Chr.; in der Beschreibung heisst es »Büchse« (Huqq); dies braucht keine runde zu sein, indes denkt man dabei doch eher an eine runde als an eine viereckige; immerhin können die »B u s s o l e n« aussen quadratisch (quadrans!), innen rund ausgedreht gewesen sein, solche besitzt noch eine oder besass bis vor kurzem das hiesige Physikalische Staatslaboratorium (scheinbar sehr fein gearbeitet nach *Gowin Knight's* Angabe von *Adams* in London, also ungefähr aus der Zeit des vorliegenden Kompasses) und eine andere die staatliche Navigationsschule. Viereckige innere Kompasskasten zeigt zuerst *Fournier* (Hydographie) 1643 (Comzbibl. Nur bei *Bouguer's* Ungetüm von Azimuth-Kompass sind zwei Ecken innen abgeschrägt, scheinbar zur Aufnahme von Schraubenschlüssel und dergl., der vorliegende *Ferreira's* Kompass hat alle vier Ecken mit kleinen Brettchen schräg ausgesetzt, s. Tafel 2, Fig. 1. Schrägansicht des ganzen Kompasses, Tafel 4, Fig. 1. Perspektivische Aufnahme des Inneren der Kompassdose, deren Glasdeckel mit gekehltem Holzrahmen abhebbar ist. Tafel 4, Fig. 2 zeigt die zweimal vorhandenen Seiten, die viermal vorhandenen Schrägbrettchen und die Fensterteile mit dem Peil(Visir)-Faden; der Deckel des äusseren Kompasskasten fehlt.

Die eigenartige Peil(Visir)-vorrichtung der Pforten im Kasten ist erkenntlich Tafel 2, Fig. 1, sie ist zuerst abgebildet von *Fournier* 1643 zur Beobachtung der Sonne beim Auf- und Untergehen, um danach die Missweisung des Kompasses zu bestimmen, kann auf See auch benutzt werden zum Peilen in und nahe an der Kimm (dem sichtbaren Horizont) bemerkbarer Gegenstände, doch bringt die Erschütterung durch drehen des ganzen Kastens grosse Fehler. Es sind je zwei sich gegenüberstehende viereckige Ausschnitte in beiden Kompasskasten, im inneren ist senkrecht auf die entsprechende Mittellinie des Kastens je ein roter Faden gezogen. Die hier senkrecht sichtbaren Absehen (Diopter) werden nicht, wie gewöhnlich, quer über den Kompass niedergelegt, sondern seitlich in für sie angebrachte Hülsen, s. Tafel 4, Fig. 1; besonders beachtenswert ist das Absehen links, da es nicht, wie bei Kompassen allgemein, mit einem engen senkrechten Spalt versehen ist, sondern mit drei senkrecht übereinander stehenden kleinen Löchern, wie in früheren Zeiten das eine Absehen von Instrumenten zum Messen von Gestirnshöhen, deren zwei hatte (viele noch jetzt lebende Schiffsführer und Steuerleute benutzten Oktanten mit solchem Absehen.)

Der Magnet der Kompassrose, Taf. 3 Fig. 2, ähnelt am meisten einer 1757 vom Petersburger Professor *Aepinus* empfohlenen Form, *Ferreira* fertigte nur gerader den Teil von der Mitte bis zur Verbreiterung am Ende; kurz ehe diese begann, verband er den Magnet mit dem Blatt der Kompassrose durch messingne Nieten oder Schrauben.

Das Blatt der Kompassrose hat Strich- und Gradteilung; der Nordstrich ist gekennzeichnet durch das portugiesische Wappen, der Oststrich durch flammenartige Verzierungen an seiner Spitze (ex oriente lux); die andern zeigen wieder nicht die Strichnamen bezw.

deren Abkürzungen, sondern nur Verzierungen. Ganz besonders beachtenswert ist diese Rose, weil bei ihr angewendet sind die Vorschläge *de la Condamine's* 1733, in Mémoires de l'Academie Royale des Sciences, Paris 1735, auf das Hütchen einen Schattenstift zu befestigen (schon 1561 von *Girolamo Ruscelli* [Stadtbibl.] vorgeschlagen und 1646 bezeichnet als Erfindung eines holländischen Seemannes scheinbar für einen Schwimm-Kompass von *Robert Dudleigh* im Arcano del Mare [Commbibl.; ausnahmsweise schöner Abzug) und Teile des Randes des Rosenblattes senkrecht umzubiegen; von *Condamine* weicht *Ferreira* nur insofern ab, als jener einen Teil nach oben, den andern nach unten bog, F. beide nach oben, jeder von ihnen hat auf dem stehenden Rande ebenfalls Gradteilung gezeichnet. — Die Pinne (Stütze) der Kompassrose ist eine dünne Messinghülse, in der ein spitzes Stahlstäbchen steckt, sie ist im Holzboden zentrisch und senkrecht befestigt; im Hütchen der Rose konnte ich einen Stein nicht bemerken. — Das Holz der Kasten scheint eichen zu sein; das Gehänge ist natürlich Messing. — Die Malerei ist sehr sorgfältig ausgeführt, und von Herrn *Heyder* abgezeichnet; wenn ich je bezweifelt hätte, dass die bunten Abbildungen von Kompassrosen, die man auf alten Karten findet, der Wirklichkeit entlehnt sind, dieser Kompass hätte jeden Zweifel beseitigt.

Tafel 5 Fig. 1—2, Tafel 6 Fig. 1 zeigen einen der Hamburger staatlichen Navigationsschule gehörenden Kompass unbekannter Herkunft, wie schon erwähnt möglicherweise einer von denen, welche die Hamburger Patriotische Gesellschaft 1765 aus England kommen liess? (vgl. S. 4); er ist dem Museum für Hamburgische Geschichte überwiesen. Der *innere Gehängering* (der in späterer Zeit mit der Kompassdose fest verbunden wurde), mit seinen Zapfen, die jetzt in sog. Schneiden enden und die Kompassrose nebst Pinne (Stütze) möglicherweise auch der Taf. 5 und Taf. 6 Fig. 1, ganz oben, Taf. 5 Fig. 2 quer über sichtbare Messingstab sind von Herrn *C. Plath* hier ergänzt. Tafel 5 Fig. 1 ist Schrägansicht des ganzen Kompasses, Fig. 2 zeigt ihn senkrecht von oben gesehen, Taf. 6 Fig. 1 ist ein Querschnitt. Der ursprüngliche Entwurf zu solchem Kompass war etwas anders; der erste mag gewesen sein, der von Kapt. *Samuel Sturmy*, The Mariner's Magazine u. s. w. London 1669 gezeigte, *Barrow* in Navigatio Britannica 1730 hat nur die Peilvorrichtung, dem vorliegenden am nächsten kommt der im Cours d'Hydrographie ou de Navigation Londres et Paris 1787 (Commerzbibliothek) von *De Lassale* erwähnte, der ihn *Halley* zuschrieb: Man sieht, der Kompasskessel bestand aus zwei Teilen, von denen der untere den recht schweren Bleikörper enthielt, der dem Übergewicht der Peilvorrichtung entgegenwirkte; er hat einen Ausschnitt, in dem der Hebel spielt, mit dem Pinne (Messingstift mit Stahlspitze) nebst Kompassrose auf und nieder bewegt werden; wenn man letztere gebrauchen will, hebt man die Pinne auf, ist der Gebrauch beendet, lässt man sie mit der Rose nieder auf drei Arme, die an einem Ringe befestigt sind, der wieder auf drei, an den Kesselboden geschraubten Stützen ruht, s. Tafel 6 Fig. 1; in Tafel 5 Fig. 2 sind die Arme und der Ring in der Rose durch gestrichelte Linien angedeutet. Die Peilvorrichtung besteht aus einem grossen, flachen Messingringe, am Innen- und Aussenrande in ganze Grade geteilt, doch können durch Zwischenkreise und Schrägteilung Zehntelgrade abgelesen werden. Die Absehen (Diopter) mögen ursprünglich drehbar gewesen sein, aber nicht auf einer im Deckelglase oder auf einem Querstege zentrierten Regel (Alhidade) stehend, was die Teilung abschleifen konnte, sondern unter der Platte mit Stegen (Leisten) an einem Ringe befestigt, der auf dem inneren Gehängeringe und am Kessel schleifend sich um diesen drehte. — Die hierbei unvermeidlich grosse Reibung bewirkt allein grosse Fehler, und macht die Beobachtung sehr unbequem, so verwarf man den Ring, verkleinerte die Stege (Leisten) und schraubte sie unter der 90° Linie an die Peilplatte. Da der auf oder über der Kompassrose stehende Stift oder Faden so eingerichtet werden kann, dass sein Schatten auch bei ziemlich grosser Sonnenhöhe noch auf die Rosenteilung fällt, so verlängerte man die Diopter, brachte oben den Quersteg an, auf der Peilplatte einen, vom Spalt-Diopter bis oben über die Mitte reichenden Arm und zog vom oberen Steg zu letzterem durch entsprechend gebohrte Löcher einen Faden in der senkrechten Achsenlinie des Kessels. Bei Peilung irdischer Gegenstände musste man entweder mittelst der Peilplatte den Kessel im inneren Gehängeringe oder den ganzen Kompasskasten drehen, bis der Gegenstand durch die Diopter sichtbar war; das eine wie das andere blieb in Folge der Erschütterung und Neigen des Kessels eine so mächtige Fehlerquelle, dass Schätzen der Richtung mit blossem Auge über die Kompassrose hin, kaum grössere Fehler ergab. Hierzu kommt noch, dass man stets zu beachten hatte, welcher Grad der Plattenteilung, dem Nordpunkt der Rosenteilung entsprach, um so die Ablesung der Platte auf letztere zu übertragen. — Die kleinen, ausserhalb der Absehen (Diopter) angebrachten Knebel, stehen auf einer innen abgeschnittenen Kreisplatte, deren Abschnitt genau parallel zur Fläche der Diopter sein muss, damit man diese aufstellen kann. Obgleich dieser Kompass noch ungenauere Ergebnisse lieferte als der von *Lassale* an *Halley* zugeschriebene, so ist er doch wichtig für die Entwicklung des Kompasses und wir können sehr zufrieden sein, dass er in staatlichen Besitz gelangte. Auf ihn aufmerksam machte mich Herr *Rubbert*, früher Lehrer an der staatlichen Navigationsschule; ausnahmslos erinnern sich alle Schüler des jetzt 81 Jahre alten

Herrn seiner mit Achtung, Dankbarkeit und Freude, mit Achtung und Freude auch alle die ihn persönlich kennen lernten. Die Photographie (nach der ich Fig. 1 auf Tafel 5 zeichnete) fertigte Herr *Schumann*, Mechanikergehilfe im Physikalischen Staats-Laboratorium, der auch einem Fehler an einem Gehängezapfen abhalf; Zahlen, Buchstaben und die in Fig. 3 in ⁴/₅ der Grösse des Vorbildes gegebene Nordmarke schrieb bezw. zeichnete Herr *Heyder*, der ausserdem der Zeichnung da nachhalf wo Radierungen nötig gewesen. Herren Direktor Professor Dr. *Bolte* und Navigationslehrer *Pusch* bin ich dankbar für grösstmögliches Entgegenkommen und Freundlichkeit bei Entleihen des Kompasses und der später zu erwähnenden Kompassrosen.

Tafel 7 Fig. 1 — 3 sind Abbildungen der Kompassrose aus einem **Kompass wie die Hamburger (Patriotische) Gesellschaft** wohl eher 1790 als 1767 sie anfertigen liess (vgl. S. 4—5) er befindet sich noch im Besitz des Physikalischen Staatslaboratorium, wo ihn die Herren Assistent *Portig* und Mechaniker *Schneider* mehrmals zum Vorzeigen, Untersuchen und Abzeichnen bereitwilligst mir übergaben. Die Inschrift auf dem Rosenblatt liefert den Beweis, dass er einer s. Z. von der *Hamburger Gesellschaft* verausgabten ist; für 1790 spricht folgendes. Die Nachricht für Schiffer v. J. 1768 sagt (s. Anhang) »die Magnetnadel ist aus einem graden, an den Enden zugespitztem Stücke« und »der Schiffer kann sie auch, wenn etwas daran verdorben wäre ohne alle Umstände selbst abnehmen und wieder ebenso leicht auf der Rose befestigen«; dies passt nicht auf das vorliegende Stück, denn der Magnet ist bogenförmig, auch ist weder Abnehmen noch Wiederanbringen leicht, ferner ist die Pinne (Stütze, der Stift) keine Nähnadel und das hier an der Unterseite der Rose angebrachte Messingkreuz, ist in der »Nachricht« von 1768 nicht erwähnt.

Jeder Seefahrer wird gern glauben, dass die damals vorhandenen Kompasse nicht befriedigten, dieser konnte es auch nicht, weil er zu klein, die Rose zu schwer war (39,6 g bei 135 mm Durchmesser) und ihr Eigenmagnetismus sowie das Verhältnis ihrer einzelnen Teile zu einander nicht dem jedesmaligen Aufstellungsort entsprechend eingerichtet werden können.

In Fig. 1 und 3 fällt zunächst auf, dass der Magnet nicht unter dem Rosenblatt lag, sondern im Bogen über ihm angebracht ist, — ausserdem, dass der Magnet viel dünner ist, als in den Büchern aus jener Zeit man abgebildet findet. Ersteres mag schon gebräuchlich gewesen sein zu der Zeit, in welcher dem Magnet beigefügt wurde ein Blatt, auf dem eine Kreis(die Strich)teilung man angebracht hatte (möglicherweise um d. J. 1300), der nach *G. Knight's* Angaben von *Smeaton* in London gefertigte Kompass (auf solchen weist wohl hin die Nachrichten für die Schiffer«) zeigt ebenfalls den Magnet als einen oben auf dem Rosenblatt liegenden Stab. Philos. Trsakt. R. S. Bd. 46. 1740 Nr. 492 Cnrzbibl. Diese Stäbe hatten alle ziemliche Dicke, — da Streichen mit einem Magnet einen Stahl- (oder Eisen)stab aber nur wenig tiefer als an der Oberfläche magnetisiert, so hatten die gewöhnlichen Magnete viel totes Gewicht, die dünnen wie sie die Hamburger Gesellschaft anfertigen liess waren also an sich erheblicher Fortschritt, sie in der Mitte breiter zu machen, statt wie damals und noch lange nachher häufig, nahe den Enden (s. Tafel 2 Fig. 3 a — 4, Tafel 3 Fig. 2) war es ebenfalls d. h. wenn kein grader Stab gewählt wurde, — warum man ihm aber Bogenform gab, ist nicht ersichtlich, wenn man nicht etwa glaubte, durch die so vergrösserte Oberfläche mehr Magnetismus wirken zu lassen (ganz unmöglich ist es nicht, dass *H. Osorius* schon solchen Magnet erwähnte in De rebus Emmanuelis Lusitaniae regis invictissimi etc. gestis. Conimbricae 1791 S. 95 (auch Coloniae 1580 Blatt 25 b) er nennt dort (die erste Form) den Stab unten (kann auch sein: gering, ein wenig) ausgehöhlt und erhaben (inferius excavatum et fastigiatum). Vielleicht sollte es sein Vereinfachung des 1705 gemachten Vorschlages von *Servington Savery* of Chilston; den Kompassmagnet so zu biegen, dass er in der Mitte ein flaches Dach oder offenes Rechteck bildete. In französischen Lehrbüchern der Navigation aus jener Zeit findet man statt dessen eine Biegung in Form eines Halbkreises. Solche Vorrichtung gibt der Kompassrose ausser den Schwingungen noch Schaukelbewegung (siehe weiter unten bei den Kompassmagneten Tafel 3, Fig. 6—7b). Fig. 3 zeigt auch die Glockenform des Hütchens (Dobbens), das sich an den Magnet stützt und befestigt ist in dem, unter dem Rosenblatt befindlichen Messingkreuz, s. Fig. 2, das einesteils bei starker Wärme die Rose gegen Aufrollen schützen, anderenteils ihr die nötige Stetigkeit (Ruhe) geben sollte — aber doch nicht geben konnte. An den Ausschnitten am Nord- und Süd-Arm des Kreuzes ist das Messingblech nicht abgeschnitten, sondern durch das Rosenblatt gesteckt, dort quer ausgeschnitten und über die Enden des Magnet gestreift, um diese zu halten. — Die Kompassdose hat Kesselform und ist aus Messingblech, der Glasdeckel kann abgestreift werden. — A und A 1 zeigen das Blatt der Kompassrose, H das Hütchen, M ist der Magnet, m bedeutet Messing.

  Dieser Kompass bleibt ein Wahrzeichen, dass die *Hamburger (Patriotische) Gesellschaft zur Beförderung der Künste und nützlichen Gewerbe,* zu der auch Rheder gehörten und noch gehören, auf Verbesserung dieses, für die Seefahrt unentbehrlichen Hilfsmittels, Jahrzehnte vor dem *Liverpool Compass Committee* in hohem Maasse bedacht war.

Herr *G. Kowalewski*, Registrator im *Hamburger Staatsarchiv*, hatte die Güte, mich auch aufmerksam zu machen auf zwei in der Hamburgischen *Familie Iven* Stammbaum und Geschichte abgebildete Blätter von Kompassrosen die seiner Zeit, möglicherweise um 1800, von *Wilhelm Heinrich Iven* für von ihm verkaufte Kompasse benutzt waren. Infolge dessen begab ich mich zu Herrn *Gustav Iven* um zu fragen, ob vielleicht in seinem Besitz noch alte Instrumente oder Modelle seien; er hatte nur noch ein Kompassrosenblatt mit dem Hamburger Wappen, das er gütigst für das *Museum für Hamburgische Geschichte* mir übergab, wies mich aber an die Segelmacher *P. H. Iven Söhne* und Herrn *Iven* in Ottensen-Altona. Erstere fanden auch noch **zwei Kompasse**, deren Rosenblätter Taf. 10 Fig. 1—2 abgebildet sind. Beide haben hölzerne Kessel die Böden sind ebenso wie der folgenden *Scheffler*'sche mit Falz eingefügt und durch hölzerne Stifte befestigt, diese können herausgezogen werden, daher konnte man die Magnete bestimmen. Wie schon erwähnt, sind das Rosenblatt mit dem Hamburger Wappen, Taf. 10. Fig. 1 und der darunter befindliche Magnet, ähnlich dem Taf. 1 Fig. 2 abgebildeten, nur hat das Hütchen (der Dobben) eine Glas- (oder Stein?) Pfanne; das Papier mit dem der grösste Teil des Magnetes überklebt ist und das ihn am Blatt der Kompassrose hält, ist holländisch (niederdeutsch) beschrieben, doch hat der Inhalt, soweit er erkenntlich ist, keinen Bezug auf den Kompass. Das erwähnte Wappen soll um 1800 benutzt sein; — für die Zeichnung des Rosenblattes im Ganzen diente jedoch als Vorbild eine niederländische, denn in NO, O und SO ist statt Ost: Oost geschrieben, statt Süd steht Zuyd, bei SO und SW aber nicht Z sondern S; das Vorbild dieser Rose, sowie der folgenden, dürfte sehr alt sein. Das Rosenblatt mit dem Hamburger Wappen lässt deutlich erkennen, wie richtig war die Bezeichnung »Kompassstrich« bei Deutschen, Niederländern, Skandinaviern; natürlich blieb sie, wenn auch allmählich nur Zacken oder Spitzen die Abteilungen bezeichneten. Die dieser ähnlichste Zeichnung, unter den mir bisher bekannt gewordenen, ist die von *Martin Cortes*, 1556.

Bei dem **anderen** von Herren *P. H. Iven Söhne* gütigst geschenkten **Kompass**, dessen Rosenblatt in der Mitte ein Schiff führt, Taf. 10, Fig. 2 sind an der Unterseite des Blattes zwei Magnete, wieder durch über- bezw. angeklebtes Papier befestigt; sie haben eine mehr als zwei Jahrhunderte alte Gestalt: es sind zwei Stahldrähte, deren Enden unter der Nord-Südlinie nicht weit vom Rosenrande ziemlich nahe bei einander liegen, deren Mitte aber auswärts gebogen ist, sodass die Biegung auf etwas

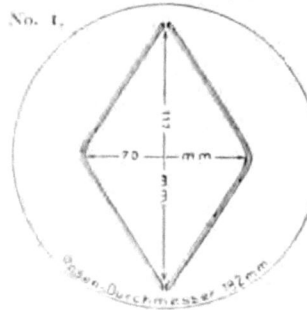

mehr als die Hälfte von der Mitte nach dem Rosenrande hin liegt. Es betragen: Rosendurchmesser 132 mm, Entfernung der Enden der Magnete von einander in Nord- Süd-Richtung 115 mm, Entfernung der Biegungen von einander 70 mm. So beschribt *H. Osorius* 1571 die „bessere" Art der Kompassmagnete in De rebus Emanuelis Lusitaniae regis invictissimi etc, gestis. Am Steuerstrich steht (so dass dieser zwischen je zwei Ziffern senkrecht sich befindet) mit Bleistift geschrieben 1797; ob dies das Jahr der Herstellung des Kompasses ist, ob er in diesem Jahr vielleicht zur Ausbesserung eingeliefert, später nicht abgeholt war, ist fraglich. — Das Hütchen (der Dobben) hat ebenfalls eine Glas- (oder Stein?) Pfanne; dieses sowie das der vorigen Kompassrose hat auch eine Gestalt, wie sie *Nautonnier* 1604 und *Nicolaus Cabeus* in Philosophia magnetica 1629 abbildeten. — Das Tafel 10, Fig. 2 wiedergegebene Rosenblatt weicht von dem des hier besprochenen Kompasses insofern ab, als jenes Rand eine doppelte Gradteilung hat, bei diesem nur die Enden der „Zehngradmarken" sichtbar sind; jenes war offenbar die ursprüngliche, die man zum grössten Teil abschnitt, um das Blatt dem Kesseldurchmesser anzupassen. Solche doppelte Gradteilung wurde und wird nur gefertigt, damit das betr. Blatt für verschiedene Kessel von geringem Unterschied des Durchmessers verwendbar ist. Ein Grund, weshalb die Zwischenstriche NNO, ONO u. s. w. nicht bis zur Mitte gezogen sind, sondern am Strichkreise mit einer Verzierung enden, der ist nicht ersichtlich, besser kenntlich sind sie dadurch gewiss nicht. Die Verzierung der Buchstaben O, S, W dürfte selten sein, das Schiff in der Mitte ist sehr ähnlich dem auf Taf. 1 Fig. 1, nur fährt es nach der entgegengesetzten Richtung.

Der, dem *Museum für Hamburgische Geschichte* gehörende **kleine Kompass** von *J. C. H. Scheffler*, Hamburg, vom Schiff »*Therese*« Kapt. *Sebohm*, 1815, Tafel 6, Fig. 2 hat ebenfalls eine runde aus Holz gedrehte Dose, der Boden ist auch mit einer Falz eingeklemmt, durch Holzpflöcke an der Dosenwand befestigt, der Glasdeckel nicht abnehmbar, das Glas wird nur durch sehr gleichmässig hart gewordenen Kitt festgehalten, so dass die Gefahr zu gross war, beim Abnehmen von Deckel oder Boden die Dose zu beschädigen, folglich ist die Gestalt des Magneten nicht bestimmbar. — Diese Einrichtung verhindert auch Pinne (Stütze, Stift), Hütchen, das einen Stein als Pfanne hat zu untersuchen, — aber solche Kompasse kosteten nicht viel; solange die Rose sich auf der Pinne drehte, oder beim Anstossen an den Kompass weiter hopste bezw. schlich, wurde dieser benutzt, erst wenn auch das nicht mehr geschah, dem Verfertiger zum Ausbessern gegeben. War man nicht dahin gekommen, wohin man wollte, »so hatte der Strom versetzt.«

Ein neuerdings von der Marine-Inspektion (Herrn Kapitän *Fokkes*, Verwalter *Heuer*) dem Museum für Hamburgische Geschichte überwiesener **Kompass** von *J. Kosbii*. Hamburg, mag 40—60 Jahre alt sein, er hat Dosenform, hat unten einen Glasboden, ist also eingerichtet um als Kajütskompass zu dienen oder von unten beleuchtet zu werden. Beachtenswert ist seine Rose, durch die unter dem Blatt befindlichen drei Magnete, auf die ich später zurückkomme.

Bei Benutzung dieser Kompasse und der folgenden Kompassteile, soweit sie dem Museum für Hamburgische Geschichte gehören, ist mir von dessen Direktor Herrn Prof. Dr. *Lauffer*, den Herren *Schieck* und *Kröger* das grösstmögliche Entgegenkommen erwiesen.

Von den im Besitz des *Museum für Hamburgische Geschichte* befindlichen Kompassteilen sind die wichtigsten die **Kompassmagnete**, weil ursprünglich Nadeln oder spitze Stahlstäbchen (Stahlspitzen, aiguille, acus) dazu benutzt wurden: Magnetnadeln genannt, siehe Tafel 1, Fig. 4a—b, Tafel 2, Fig. 3—4b, Tafel 3, Fig. 2—8 und Tafel 10, Fig. 3. — Tafel 3, Fig. 3 ist nicht unähnlich der für Europa wahrscheinlich ältesten Gestalt d. h. einer vor Jahrhunderten gebräuchlichen Nadel, die man damals durch einen Holzsplitter oder ein Stück Schilf (ein Stückchen Strohmatte) steckte, die jene auf dem Wasser schwimmen machten. Später befestigte man den Magnet an einer Seite des Rosenblattes, da dieses sich natürlich dadurch auf der Pinne (Stütze) stark neigte, stellte man das Gleichgewicht wieder her, durch Tropfen Wachs oder Siegellack, bei denen es leicht war, ein »Zuviel« mittelst Abschaben zu entfernen. Das vorliegende Stück ist offenbar Teil eines wie Tafel 3, Fig. 4 gestalteten Magneten, der durch Zufall abgebrochen war, das man also billiger bekommen konnte, als einen neu gearbeiteten. Bleiben wir bei derselben Tafel, so habe ich Fig. 2 schon früher erwähnt, Fig. 4 ist ein flach liegender ungefähr $1^3/_4$ mm dicker Stabmagnet, wie sie jetzt noch häufig sein mögen, teils endend wie hier, teils zugespitzt, teils rechtwinklig abgeschnitten. Fig. 5 ist ein ähnlicher Magnet, nur eingerichtet für ein Hütchen (einen Dobben) wie Tafel 8, Fig. 8 oder 9. Zu diesen Magneten ist noch zu rechnen Tafel 3, Fig. 8 der 4 mm breit, in der Mitte zu 14 mm erweitert ist, wovon ungefähr 11 mm für das Hütchen (den Dobben) ausgespart sind; diese Erweiterung ist ebenso verziert wie Tafel 2, Fig. 4b.

Tafel 1, Fig. 4a—b, Tafel 2, Fig. 3—4b zeigen drei Magnete, die unter dem Rosenblatt auf hoher Kant angebracht sind, nebst ihren

Erweiterungen bezw. Einfügungen für das Hütchen (den Dobben); alle drei sind nach den Enden zu höher als in der Mitte. Tafel 2, Fig. 3a nimmt regelmässig zu, die anderen beiden mehr oder weniger plötzlich; Tafel 1, Fig. 4a ist 1 mm dick, Tafel 2, Fig. 3—4 nahe 2 mm; Tafel 2, Fig. 3 a—b gehört zur Rose »Petersen.« — Die Magnete auf hohe Kant zu stellen ist zweckmässig, besonders wenn, wie wahrscheinlich, nur die hochstehenden Seiten man magnetisiert hatte, weil dann die magnetische Axe des Stabes, wenn überhaupt, doch nicht so weit von seiner mathematischen Axe (von seiner Mittellinie) abweichen konnte, wie es bei einem flachliegenden Stabe möglich ist. Die Zunahme der Stäbe nach den Enden hin, hat denselben Erfolg wie das Schwungrad einer Maschine: sie gibt grössere Gleichmässigkeit der Bewegung, und im vorliegenden Falle längere Dauer jeder Schwingung, sollte aber grössere Ruhe herbeiführen d. h. die Rose weniger empfindlich machen gegen die Schiffsbewegungen, durch welche die Rose aus der magnetischen Nord-Südlinie gedrängt wird, während der Magnetismus sie in diese zurückzieht. Dadurch entsteht ein fortwährendes Hin- und Herdrehen (Schwingen) das unter allen Umständen für genaues Steuern störend ist, zuweilen so stark wird, um letzteres unmöglich zu machen; vermieden wird es nur, wenn die Rose möglichst leicht ist, die Kraft ihrer Magnete und ihre sonstigen Eigenschaften in dem Verhältnis zu einander stehen, wie es der Aufstellungsort des Kompasses erfordert, sodass der Unterschied von Rosen- und Schiffsschwingungen Ausgleichsbewegung bewirkt.

Tafel 3, Fig. 6a—b zeigen einen Magnet von der Seite und von oben gesehen, wie er seit 1705 von *Servington Savery* of Chilston (Trsact. R. S. London 1730, Commzbibl.) vorgeschlagen war; der flache Stahlstab ist in der Mitte schmäler und in gebrochener Linie gebogen; statt eines Hütchens ist in die Mitte der Biegung eine Spitze eingeschraubt und das Ende der Pinne (Stütze) ist nicht zugespitzt sondern zeigt eine Höhlung auf deren tiefster Stelle jene Spitze ruht. Diese Herstellungsweise gibt der Rose auch Schaukelbewegung (Zittern, Wackeln), sie sollte nach *Savery*, die oben erwähnten Schwingungen wenn nicht verhindern, so doch mindern, da er glaubte, »sie dient zur Verminderung der Reibung auf der Pinnenspitze, welche die horizontale Einstellung aufhält; denn sobald die Reibung verteilt ist, zwischen horizontale Richtkraft, und die einem Wagebalken ähnliche Bewegung oder Zittern (die beide rascher auf der Pinne rollen) wird auch der bei weitem grösste Teil der Reibung für Wägen und Zittern beansprucht, folglich bleibt nur wenig übrig um die horizontale Einstellung aufzuhalten.« (!!) Dies ist irrig, durch jede Bewegung, welche die Kompassrose aus der horizontalen Lage bringt, wird die Reibung vergrössert und die Einstellungsfähigkeit verringert. Da das Rosenblatt tief unter seinen Aufhängepunkt zu liegen kommt, so fällt die Vertikalebene durch seine Steuermarke, selbst bei geringer seitlicher Neigung nicht zusammen mit der Vertikalebene der Steuermarke (des Steuerstrichs) im Kompasskessel, was eine Abweichung vom Kurse erscheinen lässt, die tatsächlich nicht vorhanden ist. — Fig. 7 a — b sind Seitenansichten einer nach demselben Grundsatz hergestellten Kompassrose, die jedoch zwei dünne auf hoher Kant stehende Magnete hat, von denen je einer in gleicher Entfernung von der Mittellinie liegt; sie sind durch rechtwinklig gebogene Messingstege verbunden, an denen auch der aus Messing gefertigte Träger befestigt ist. Das Rosenblatt besteht aus Glimmer mit Papier überzogen und aufgedruckter Strichteilung. Die Rose gehört der staatlichen Navigationsschule, der sie hoffentlich noch lange erhalten bleibt, um als Lehrmittel benutzt zu werden.

Während Tafel 3, Fig 7a — b den Kompassmagnet sozusagen in Zweiteilung zeigt, sieht man ihn Tafel 10, Fig. 3 auf der Unterseite einer Rose J. Kosbü, Hamburg, in Dreiteilung d. h. es sind drei Magnetstäbe vorhanden, alle mit der breiten Seite am Rosenblatt durch Messingschrauben befestigt. Drei Magnete dürften nicht häufig gewesen sein, es war offenbar auch ursprünglich hier nicht der Fall; anfangs war gewiss nur der mittlere Stab vorhanden, die Rose zeigte sich aber unruhig, dem glaubte der Mechaniker am besten abzuhelfen, wenn er ihren Eigenmagnetismus verstärkte, deshalb gab er ihr noch die beiden Seitenmagnete. Damit konnte er jedoch keine grössere Ruhe schaffen, denn der Fehler bestand eben darin, dass von Anfang an Gewicht und Eigenmagnetismus zu gross, sowie das Verhältnis der einzelnen Teile zu einander ungenügend abgepasst war, — diese Fehler durch Hinzufügen der beiden Seitenmagnete aber noch vergrössert wurden. Die allmähliche Verbreiterung des längsten Stabes nach der Mitte hin, war jedenfalls zweckmässig.

Die Kompassrose zentrisch auf der Pinne (Stütze) zu halten, dient das **Hütchen** (der **Dobben**) in dessen höchstem Teil ein kleines Hohlrund ist, welches allein von manchem Mechaniker als Hütchen (1768 Pfanne) betrachtet wird. Früher hatte es (und bei nach altem Verfahren eingerichteten Rosen hat es noch) auch einen anderen sehr wichtigen Zweck: den Ausgleich der Neigung (Inklination) eines Magneten, der bis zu gewissem Betrage hier durch das Blatt der Kompassrose bewirkt wurde. — An den meisten Stellen der Erde ist die Lage eines freien Magneten nicht horizontal sondern in gewissen Teilen der Erde mit dem einen, in den übrigen Teilen mit dem anderen Ende nach unten geneigt, in einem Winkel von $0°—90°$. Die Anziehungskraft der Erde ist aber soviel grösser als ihre magnetische Richtkraft, dass der Magnet sich horizontal stellt, sobald sein Schwerpunkt durch seinen Träger, hier die Kompassrose, tief genug nach unten verlegt wird; dazu wurde das Hütchen benutzt. Es sollte nicht tiefer sein als unbedingt nötig war, damit nicht durch seitliches Schaukeln die Kursmarke der Rose ohne entsprechende Schiffsbewegung von der Steuermarke an der Wand der Kompassdose, vom Steuerstrich, sich entferne. Tafel 2 Fig. 3 a zeigt deutlich das gewöhnliche Hütchen, auch auf Tafel 8 Fig. 10 ist der obere Teil (Rose Campbell) so; auf Tafel 6 Fig. 1 ist das Hütchen, der Deutlichkeit halber, verhältnismässig wohl etwas tiefer als in Wirklichkeit. Tafel 1 Fig. 3 zeigt ebenfalls das Hütchen in gutem Verhältnis, die Hütchen Tafel 6 Fig. 5 a, Tafel 7, Fig. 3 (weil »Glocke«) Tafel 8 Fig. 8—9, durch die untere Glocke auch Fig. 10 sind viel zu tief; wahrscheinlich wolite man dem Vorschlag *Savery's* folgen ohne die gebräuchliche Pinne zu ändern; auch nach anderer Richtung sollten solche Hütchen praktisch sein. Man hielt es nämlich für »praktisch« wenn die Rose unruhig wurde ihre Mitte durch dünne Bleiplatten zu beschweren; da nun solche Hütchen die Mitte der Rose unter allen Umständen belasten, pries man sie an, als »praktisch«. Die ärgste Übertreibung zeigt Tafel 6 Fig. 3; dies Ungetüm von Glockenhütchen kam hierher mit einem, von der Firma *F. Laeisz* angekauften, englischen Schiff, das von ihr den Namen *Pluto* erhielt; als die Kompasse Herrn *C. Plath* übergeben wurden, um sie, wenn nötig, in Ordnung zu bringen, verwarf er sofort diese Einrichtung. Einen Vorgänger hatte sie gewissermassen darin, dass 1843 *Wm. Walker* in Portsmouth eine schwere Glocke als unteres Hütchen erdachte, die oben eine zweite Pinne trug, auf der die Kompassrose schwebte. Hier ist *Savery's* Vorschlag benutzt; in der Glocke ist oben eingefügt ein oben und unten ausgehöhlter Agat, mit der unteren Rundung stützt sich die Glocke auf die Pinne, in der oberen spielt die Spitze des messingnen Rosenträgers, also: Schaukeln unten, Schaukeln oben. Dem muss entgegen gewirkt werden, darum ist der obere Teil der Glocke erweitert, jedoch ausgehöhlt zu einem Behälter für Öl und in den Rosenträger sind eingefügt verstellbare Ruder aus Messing, die man nach Bedarf, mehr oder weniger rechtwinkelig zur Bewegung der Achse drehen und festschrauben kann! Dieses Ungetüm wiegt 653 g. Die »Glocke« der Rose *Campbell* Tafel 8 Fig 10 wiegt 55,6 g, diese ohne dasselbe 141,4 g (Durchmesser 255 mm, sie hat zwei auf hoher Kante angebrachte Magnete).

Tafel 6 Fig 4. Fig. 6 a und b zeigen einen anderen Versuch, die grösstmögliche Ruhe der Kompassrose zu erzielen; sie soll stets erreicht werden durch das sogen. cardanische Gehänge, in dem die Kompassdose hängt, das aber, weil es selbst nicht ohne Gewicht ist, seinen Zweck nicht genügend erfüllen kann. Indes, der Gedanke ist richtig und gut, darum sollte zweifache Ausführung beim selben Kompass auch doppelte gute Wirkung erzeugen, — folglich hing man die Rose selbst auch in zwei Ringe mit im rechten Winkel zu einander stehenden Axen; siehe Tafel 6 Fig. 6b. Dieselbe Tafel zeigt in Fig. 4 und Fig. 6a diesen Gedanken in zweifacher Ausführung. Fig 4 stellt dar, ein Hütchen in gewöhnlicher Form, nur tiefer als gebräuchlich; als äusserer Ring diente gleichzeitig der Rosenträger, der frei um Schrauben spielte, die hier nur als Loch in dem Ringe angedeutet sind. — Fig. 6a—b zeigt das Gehänge für *Savery's* Schaukel eingerichtet. Das ganze aus Messing gefertigt, ist festgeschraubt im Boden einer flachen Kompassdose, an den beiden Armen ist der äussere Gehängering befestigt, an den Axenschrauben des inneren hängt ein krugförmiger Körper, der oben konisch ausgehöhlt ist, um *Savery's* Schaukelbügel aufzunehmen (Fig. 3, Fig. 5a—b, Tafel 3 Fig. 6a—7b).

Taf. 2 Fig. 2, die Kompassrose von *C. F. Petersen*, St. Pauli, zeigt einen flachen Messingring als Rand; dies wurde nach 1750 eingeführt von *G. Knight* in London, der ihn aber rechtwinklig umbog, um unten nach dem Hütchen hin Fäden zu ziehen, an denen Gewichte verschiebbar waren, ferner, um gegen den auf dem Hütchen liegenden Magnetstab den Schwerpunkt der Rose tief genug zu legen und um das Rosenblatt aus möglichst leichtem Stoff zu fertigen, aber doch gleichmässig gespannt erhalten zu können. Letzteres wird auch hier beabsichtigt gewesen sein, denn es besteht aus leichtem Seidenzeug, ausserdem sollte die grösste Gleichmässigkeit und grössere Langsamkeit der Bewegung (Schwingungsdauer) grössere Ruhe bewirken, was nicht möglich war, da die Rose durch solchen Rand wie ein Schwungrad wirkte. — Eine Rose mit solchem Messingrand, deren Blatt aber auf Glimmer gezogen ist, besitzt als Lehrmittel die hiesige *staatliche Navigationsschule*.

G. Knight's rechtwinklig umgebogener Rand, aber aus Aluminiumblech gefertigt, ist in neuerer Zeit für *Wm. Thomson's* (*Lord Kelvin's*) Kompassrosen durch *White* in Glasgow wiederbelebt, — in Deutschland von *G. Hechelmann* für seine dritte und vierte Form benutzt.

Für alle diese Mittelchen passt die Bezeichnung, den Teufel durch Beelzebub bezw. den Teufel durch den Satan auch diesen durch einen andern Satan auszutreiben. Wenn Herr Professor *Wm. Thomson*, der als *Lord Kelvin* starb, nichts anderes getan hätte, als den Weg zu zeigen, eine gute Kompassrose zu bauen, so würde er dadurch allein alle, ihm zu Teil gewordene Auszeichnung verdient haben. Es wird später Hamburg als Lob gerechnet werden, dass in der Werkstatt von Herrn *C. Plath* durch den jetzigen Werkführer Herrn *Beichmann* eine Kompassrose hergestellt wurde, die der Ausführung von *Thomson's* Anleitung seitens des Mechanikers Herrn *White* in Glasgow überlegen ist; ohne

Gewichtsvermehrung kann sie noch fester hergestellt werden als ursprünglich: durch die Fortschritte in den Aluminium-Mischungen; sie gestattet leichter als andere Rosen ihre magnetische Kraft den Anforderungen des Aufstellungsortes anzupassen.

Wie schon erwähnt, mag gegen das Jahr 1300, wenn nicht zuerst angewendet, so doch allgemeiner geworden sein, die Verbindung des Magnets mit einem **Blatt, auf das die sternförmige Kreisteilung** (stella maris?) in 16 oder 32 Strichen gezeichnet war; **Kompassrosen** aus jener Zeit sind uns nicht erhalten, aber die Abbildungen auf Land- und Seekarten lassen darauf schliessen. Die Teilung des Kreises in 32 Teile zeigt sich unzweideutig zuerst in Karten; als man sie für den Kompass in Sternform ausgeführt hatte, wurde sie in dieser wieder in Karten übernommen, als Schmuck verwendet, zeigt aber so derzeitige Magnetformen. Zweifellos zeichnete man auch im Norden Europa's damals Seekarten, wahrscheinlich nur für Schiffsführer, vielleicht nur von Schiffsführern, die beim Gebrauch bald abnutzten und verloren gingen; die ältesten nachgebliebenen Landkarten bezw. Reisekarten Deutschlands sollen aus dem 15. Jahrhundert stammen. So ist es denn für Hamburg sehr angenehm, dass das *Staatsarchiv* zwei sehr schön ausgeführte, von *Melchior Lorich* aus Flensburg gezeichnete Karten besitzt: eine sehr grosse im März 1568 beendete der Unterelbe und eine 1575 Januar beendete von Vierlanden; durch Herrn Prof. Dr. *Oberhummer's* (früher München, jetzt Wien) Veröffentlichung ist noch bekannt desselben Zeichners Aufnahme von Konstantinopel i. J. 1559 von der hier nur wiedergegeben ist, die Nordmarke der Kompassrose, worüber später. Andere Karten des Staats-Archiv, des Bureau für Strom und Hafenbau, sowie der staatlichen Navigationsschule (auch der Bibliotheken) zeigen, wie lange sich gewisse Darstellungsweisen erhielten. Tafel 8, Fig. 1 ist die Windrose der Elbkarte *Lorichs;* sie ist beachtenswert durch die Verzierungen der Hauptstriche, durch die Farben und durch die Anordnung der einzelnen Striche. Derartige Verzierungen der Hauptstriche, bemerkte ich bis dahin nicht, ob sie byzantinisch ist, kann ich nicht entscheiden, betrachtet man sie als so zu sagen Ausbau der Ostmarke, so könnte man sagen, die von Lorich mag eine Abänderung sein der Ostmarke auf einer Karte der Marciana in Venedig aus dem Vermächtnis *Nicolai Combis* auf der die Jahreszahl 1368 eingetragen ist (gütige Mitteilung des Herrn Bibliothekar Dr. *Coggiola*) auch die 1384 und 1434 gefertigten Kopien des Portulan *Pinelli Walckenaer* im British Museum, London und eines unbekannten Zeichners im 14. Jahrhundert der Marciana zeigen die Ostmarke jener

Marciana-Karte, indes gehört doch Einbildungskraft dazu, Abhängigkeit *Lorich's* von jenen zu finden und ob er von den italienischen Karten auch nur Ahnung, je ähnliche Marken gesehen hatte, ist fraglich. *Waldseemüller* 1516, *Caspar Vopell* 1558 (1555), *Mercator* 1569 haben keine derartigen Verzierungen, *Aventinus, Apianus, Sebastian Münster* u. a. auch nicht. Die kleinen Kreise im Innern sind ebenfalls eigenartig. Die Farben rot und gelb, können vielleicht übernommen sein aus verlorenen niederländischen Karten, 1426 hat sie *Jachobus Giraldis*. Die Anordnung der Farben ist wie bei den Verzierungen der späteren *Jans Waghenaer* und *Willem Barentzoen*, auch wie bei *Mercator's* Planigloben in der Ausgabe des *Hondius* (Stadtbibl.). Während die *Romanen* alle Farben und Verzierungen regelmässig aufeinander folgen lassen, gaben damals die *Niederländer* und hier *Lorich*, je zwei gegenüberliegenden Strichen, die an der derselben Seite einer durch den Mittelpunkt gezogenen Linie lagen, dieselben Farben oder Verzierungen; dadurch kamen sie aber an zwei gegenüberliegenden Stellen einmal nebeneinander, siehe hier Norden und Süden. — Fig. 2 aus *Justinus Dankert's* Circulus Saxoniae inferioris usw. Amstelodami Jahr? wird besonders auffällig durch die Ostmarke, die hier ein Stern ist, während man sonst, als eine besondere Ostmarke eingeführt war (nachdem in Genoa man begonnen hatte, Osten durch das genoesische Kreuz zu bezeichnen?) ein Kreuz in irgend welcher Form dafür gewählt ist. [Diese Karte ist eine der neueren Erwerbungen des *Hamburger Staatsarchiv*; Hr. *Kowalewski* war so freundlich, mir dies mitzuteilen und mich darauf aufmerksam zu machen, dass sie erst nach 1616 gefertigt sein kann, weil in ihr Glückstadt verzeichnet ist, dessen Gründung 1616 stattfand]. Die Anordnung der Farben rot und gelb in Fig. 2—3 findet man häufig in niederländischen und diese benutzenden Karten jener Zeit; ob es spanisch rot und gelb ist, ob das von Oranie-Nassau müssen Heraldiker entscheiden. Fig. 3 ist aus Helgolandt nach 1649 von *Johannes Mejer* Tab. 19, Grundriss der Stadt Schleswig nebst der alten und neuen Insel Helgoland. — Tafel 9, Fig. 1—3 sind Blätter von Kompassrosen verschiedener Ausgaben des: »Abris von der Herlichkeit Ritzebüttel« durch *Claus Jans Rollwagen* und *Jacob de Moll* 1618, von denen Fig. 1 als das Urbild gilt; Fig. 1—2 sind Handzeichnungen, Fig. 3 ist ein Kupferstich von *Johan Dirck* (*Johannes Diriksen*) der sich erst 1652 in Hamburg niederliess; der Stich ist also vielleicht erst nach dieser Zeit gefertigt. In allen 3 Rosenblättern ist die altniederländische Anordnung der Farben verlassen. — Tafel 9, Fig. 4 aus der Elbkarte des *Aegidius a Couwenberghe* v. J, 1621 hat eine sehr einfache Darstellung der Kompassstriche, die auch sehr alt sein mag, ist aber besonders auffällig durch das Bild der

Sonne, die im Mittelkreise (im Zentrum der Welt?) von Süden nach Norden
»scheint.« — Tafel 9, Fig. 5 und Tafel 11, Fig. 1 sind angefertigt
nach Blättern von Kompassrosen auf zwei Stadtplänen von
Hamburg die im selben Jahre 1644 von zwei Kupferstechern gearbeitet
sind. Tafel 11, Fig. 1 ist abgezeichnet von nach einem ausnahmsweise gut erhaltenen Stich des *Arent Petersen*, Niederländischem Buch-
und Kunstdrucker bei der Börse, man erkennt sogleich, dass er *Waghenaer*,
Barentzoen u. a., d. h. ungefähr 60 Jahr ältere Niederländer als Vorbilder
benutzte, nur die Ostmarke weicht von ihnen ab; Tafel 9, Fig. 5 ist
abgezeichnet aus einem erheblich weniger gut erhaltenen Kupferstich
von *Di Dirieksen (Diederichsen)*: Sciagraphia Hamburgi Civitatis;
seine Vorbilder liegen 100 und mehr Jahre zurück. — Tafel 8, Fig. 4
fällt auf, durch die flammenartige Form der Zwischenstriche
NNO, ONO usw. sie ist schon zu erkennen in dem im Text von *Pedro
de Medina's* Originalwerk 1540 gedruckten Kompassrosenblatt (französische
Übersetzung: Commzbibl.; italienische und niederländische: Stadtbibl.),
besonders auffällig in *Thomasi Porcachi* da Castiglioni Aretino:
L' Isole piu famoso del Mondo 1567, Venezia 1590; Commbibl.
Tafel 8, Fig. 5 ist abgezeichnet von der holländischen Seekarte
auf Pergament aus dem 17. Jahrhundert (Sunda-Inseln usw.), welche
die *Commerzbibliothek* besitzt. — Tafel 8, Fig. 6 aus Karte der Elbe
von Vierlanden bis Blankenese von *Hinrig Schaden* 1702 zeigt
bei aller Einfachheit Anklänge an weit zurückliegende Formen. Selbst-
ständiger mag entworfen haben *N. C. Sooth* Tafel 9, Fig. 6—7, Karte
von Land und Watt bei der Oxte Mündung 1718 April und
Juli, in gewisser Art auch *P. Fährr*, Neufelder Deich und dessen
Vorland 1744, Tafel 9, Fig. 9, bei dem auch auffällt der oben auf
dem Rosenblatt liegende Magnet; unmöglich ist es nicht, dass es sich
hier handelt um Ausschmückung des Bodens einer Bussole, indes erscheint doch fraglich, ob die damals gebräuchlich war; der Rand der
Geometer-Bussolen war gewiss in Grade geteilt. — Tafel 9, Fig. 10
fällt besonders auf durch das Fehlen eines Mittelstücks, sowie der sogen.
Neben- und kleinen Striche; die Abtönung der Farben ist sehr alt; die
Karte reicht von Schloss Ritzebüttel bis Bederkesa, ver-
messen durch Capitein *Treue*, cop. durch *C. G. Gasschütz* um 1750. —
Tafel 9, Fig. 11 ist wieder eigenartig durch die Farbenwahl, auch durch die
Süd- und Ostmarke, worüber später; die Karte: Zum Groden
Amtes Ritzebüttel von *David Benjamin Opitz* ist vollendet 1755
Mense December. Ähnlichkeit mit weit zurückreichenden Vorbildern
zeigt wieder Tafel 8, Fig. 7 aus der wohl nach 1776 gezeichneten »Carte von
Hamburg und Harburg bis Blankenese« von *J. H. Baxmann*, Ing.—
Das Kompassrosenblatt *C. F. Petersen* Tafel 2, Fig. 2 zeigt im Ganzen das-

selbe Äussere wie die vollen derartigen Blätter allgemein, nur hat P. scheinbar viel Kundschaft von Briten gehabt, da er statt O (Abkürzung für Ost): E setzte (Abkürzung von East). — Tafel 11, Fig. 2 ist entlehnt aus Charte von der Grenze zwischen dem Kgl. Hannöverschen und Hamburgisch-Ritzebüttelschen Territorium — — aufgenommen, revidiert und angefertigt April und Mai 1827 durch *C. W. von Rönn*, Geometer in Otterndorf und *J. A. Hühn* Wasserbau-Konducteur in Cuxhaven. I. Blatt; der Massstab ist ungefähr $3/10$ des Vorbildes, nur Kompass Nord- und Südmarke sind in $4/5$ Grösse von diesem. Bei der Kompassrose selbst ist auffällig, dass sie noch 1827 die altniederländische Schattierung der Striche hat d. h. diese Schraffierung liegt auf derselben Seite eines an den Strich gelegten Lineals. Die Nord- und Südmarke wird später erwähnt. Den Stern am Ende der wahren Nord- und Südlinie fügte ich ein, er entspricht jetzigem Gebrauch der Bezeichnung dieser; ob die Missweisung von 19^0 W damals beobachtet, ob nur frühere Beobachtung benutzt wurde ist fraglich. Siehe Anhang. — Alle hier erwähnten Karten (ausgenommen die Pergament- und Couwenberghe's Karte) befinden sich im Hamburger Staatsarchiv.

Die Blätter der Kompassrosen von Taf. 1, Fig. 2, der *Hamburger Gesellschaft* Taf. 7, Fig. 1, von *W. H. Iven* Taf. 10, Fig. 1 — 2 und in *Scheffler's* Kompass sind Beispiele von Kompassrosenblättern, deren Grund schwarz ist, die Kreisteilung (die Kompassstriche) weiss.

Es liegt nahe zu fragen, entsprechen die hier aus Karten abgezeichneten Kompassrosenblätter den damals für Kompasse gebräuchlichen oder war es nicht einfach, seitens der Kartenzeichner das Sich-Fügen in einen alten Gebrauch. Teilweise war es letzteres gewiss, aber der „Kronen" und der „*Ferreira*" Kompass zeigen, dass auch unter den Seefahrern wohl eine ziemliche Anzahl farbige Rosenblätter bevorzugten, vielleicht selbst fertigten, um sie für das Schiff, das sie führten, zu verwenden. Besonders unter den Küstenfahrern und den Seeschiffern in kleiner Fahrt mag sich solcher Gebrauch länger erhalten haben als bei Seeschiffern in grosser Fahrt; da nach den Äusserungen der *Hamburger Patriotischen* Gesellschaft es scheint, als haben die Schiffsführer damals die Kompasse noch aus eignen Mitteln beschaffen müssen, so sahen die Feldmesser solche nicht selten auf ihren Reisen und benutzten sie teilweise oder gänzlich als Vorbilder, nur dass sie die Magnete als Nordmarken und Ost- auch wohl Südmarken, um sie auffälliger zu machen, statt innerhalb, ausserhalb des Randes anbrachten.

Man nimmt noch vielfach an, als **Nordmarke** sei allgemein und von jeher benutzt die *französische Wappenlilie*, woraus man sogar folgerte, der Kompass sei eine französische Erfindung, dem letzteren widersprach man bald, aber auch das erstere trifft nicht zu; denn die ältesten italienischen, portugiesischen, spanischen Karten zeigen keine Kompassrosen mit der Lilie als Nordmarke. Soweit eine ähnliche Figur vorhanden ist, betrachte ich sie als Nachahmung des pfeil- oder wurfspiessförmigen Magnets einer Schwimmbussole, mit den an ihm befestigten und ihn tragenden Stückchen Holz, die ursprünglich sich durch das Binden bogen, dann aber geflissentlich gebogen und verbreitert genommen wurden, um die Wasserfläche ruhiger zu halten. So werden zu diesem Zweck auf Wasser und Milch, die man in offnen Gefässen trägt, Scheiben oder Kreuze gelegt. Solche Nordmarken sind die auf Taf. 8, Fig. 2—5 und 7, auch Fig. 6, nur hat hier dem Zeichner vorgeschwebt, eine gewisse Ähnlichkeit mit einem Anker hineinzubringen, er mag den Anker als nicht unpassende Marke betrachtet haben; die Nordmarke von Fig. 7, der *Baxmann* Karte, kann ich ebenfalls nicht als Wappenlilie gelten lassen, sondern auch Beibehaltung jenes Schwimmbussolen-Magnets mit seinen Trägern. — *Lorich's* 3 Nordmarken haben gewisses byzantinisches Aussehen, sollten sie auch stylisierte Wappenlilien sein? mir scheint es, als wenn durch sie beeinflusst sind die Nordmarke des Blattes der Kompassrose der *Patriotischen Gesellschaft* von 1790 (der Zierrat an ihren beiden Seiten hat Ähnlichkeit mit *Lorich's* Ostmarke) noch mehr aber ist es der obere Teil bei *Petersen* Taf. 2, Fig. 2. — Taf. 1, Fig. 1 zeigt die lilienähnliche Nordmarke, in ihr wieder den wurfspiessähnlichen Magnet mit hier zu klein ausgefallenen Trägern bei einer Schwimmbussole. Ebenso halte ich die meisten Nordmarken auf Taf. 9 für Nachbildungen der Magnete von ursprünglichen Schwimmbussolen, die damals noch manchmal gebraucht sein mögen. Dasselbe gilt für die Nord- und Südmarke der Kompassrose (Tafel 11, Fig. 2) nach der Karte von *von Rönn* und *Hühn*. — Bei Erwähnung der Südmarke sei darauf hingewiesen, dass früher manche Kompass- und/oder Bussolen-Magnete nicht nur das Nord-Ende in Form einer Lanzenspitze oder anders gestaltet hatten, sondern auch am Süd-Ende einen kurzen Querstab manchmal eine Gabel, selbst Dreizack. *Opitz* Taf. 9, Fig. 11 wählte die Arme eines Ankers zur Bezeichnung für Süden. Ausnahmen in Bezug auf Magnetträger machen wohl Fig. 1 wo einem lanzettförmigen Magnet ein Paar dem Gebrauch gewissermassen huldigende Anhängsel gegeben sind; ähnliche Nordmarke hat 1576 schon *Nicolai* in seiner französischen Übersetzung von *Pedro de Medina*, Comm.-Bibl., auch sieht man sie auf *Mercator's* Planigloben bei *Hondius*, Stadtbibl. Fernere Ausnahmen sind Fig. 4, Fig. 9 und die Tafel 11, Fig. 1, letztere ist von dem Niederländer *Arent Petersen*, jene entsprechen zweifellos

niederländischen Vorbildern. Diese drei Nordmarken, wohl auch die in
Scheffler's Kompass Taf. 6, Fig. 2, können gewiss als Wappenlilien gelten,
bei den *Iven'schen* Taf. 10, Fig. 1 — 2 erscheint es mir nicht so sicher
und die in *Treu's* Karte der Vierlanden, Taf. 10, Fig 7, erhebt mit ihren
Reiherflügeln sicherlich keinen Anspruch darauf (solche Lanzenspitzen ähn-
liche Kompassmagnete gab es wohl). Eine der Nordmarken von Taf. 8,
Fig. 2 v. J. 1629 entsprechende ist auf einer Karte des *Johannes Oliva*
v. J. 1596, in Palermo aufbewahrt. (Auf Empfehlung der Herren *Georg
Kolberg* und *Giulio Hochfeld* hier, zeichnete Herr *Alberto Reber*, Libreria
Internazionale, Palermo, sie gütigst für mich ab.) Die Nordmarken in
Bern's Karte, Vorland von Ritzebüttel und Gränzstein nach dem
Hannöverschen, Taf. 9, Fig. 8, sind doch sicher keine Lilien, eher Nach-
bildungen, durch starke Einbildungskraft entstandener Magnete. — Beim
Ferreira Kompass ist bereits hingewiesen auf das portugiesische Wappen
als Nordmarke. — Wenn man die späteren Nordmarken von *Filby*, Taf. 10,
Fig. 4 — 5, *Kosbü*, Taf. 7, Fig. 6, *Plath*, Taf. 5, Fig. 3, *Hechelmann*, Taf. 7,
Fig. 7, betrachtet, so wäre es doch sehr freies Umgehen mit einer
Wappenlilie und mit dem Bilde einer Lilie überhaupt, wenn man diese
Marken als stylisierte Lilien betrachten wollte, es sind eben Verzierungen,
die sich in einer, von der bei anderen Mechanikern benutzten, abweichen-
den Weise den gebräuchlichen Formen anschliessen. In noch höherem
Maasse ist dies der Fall bei *Plath*, Taf. 7, Fig. 5, und *Campbell*, Taf. 10,
Fig. 6, wo eine Speerspitze aus Blatt- und Ranken-Verzierung hervorragt;
Kaiser in Leiden bezw. *W. C. Olland* in Utrecht, Taf. 7, Fig. 8, schlossen
sich an die gebräuchliche Form in noch einfacherer Weise.

Die **Ostmarken**, die auf Taf. 1, Fig. 2 und bei *W. H. Iven*, Taf. 10,
Fig. 1, man sieht, ähneln der umgekehrten von *Lorich*; auf *Iven's* Rosenblatt mit dem Schiff, Taf. 10, Fig. 2, ist eher die *Lorich's* in ausgebildeter
Form anzunehmen, doch bin ich der Ansicht, beide seien niederländischen
nachgezeichnet. Bei *Petersen*, Taf. 2, Fig. 2, und *Kosbü*, Taf. 7, Fig. 6,
vermute ich Zusammenziehen der Nord- und Ostmarken *Lorich's*, damals
mag *Schuback's* verkleinerte Ausgabe von dessen Elbkarte schon erschienen
sein. Der Stern als eigenartige Ostmarke in *Justinus Dankert's* Karte,
Taf. 8, Fig. 2, ist bereits erwähnt, die Form des Kreuzes in Fig. 5 reicht
wohl mehr als hundert Jahre zurück. Ein Kreuz, das durch hinzugefügte
Strahlen einem Stern sehr ähnlich ist, findet sich auf einer Karte im Atlas
des *van Keulen* v. J. 1694 in der Bibliothek der hiesigen *staatlichen
Navigationsschule*. Die drei Kugeln von *Treu*, 1743, findet man auch
auf niederländischen Karten, eigenartig sind die Ostmarken der auf
Tafel 11, Fig. 1 (*Arent Petersen*, Plan von Hamburg, 1644) und

Taf. 9, Fig. 11 (*Opitz*, Amt Groden, 1755) erstere ein Kreuz wie von einer Knospe gebildet, letztere der Krönung eines Tores oder Haus- bezw. Kirchen-Eingangs (Giebels) nicht unähnlich.

Als das bis hierher Gegebene bereits im Druck war, erfuhr ich von Herrn Geometer *Bockmann*, im *Bureau für Strom und Hafenbau* seien auch vorhanden alte Karten der Unterelbe und der Hamburger Bucht der Nordsee; durch sein freundliches Entgegenkommen und das der dort angestellten Herren, konnte aus jenen Karten und den bis in die neueste Zeit reichenden, ich abzeichnen die auf Tafel 11, Fig. 3—18 dargestellten Kompassrosen, Nord- und Ostmarken.

Die **Kompassrosen** an sich (nicht ihre Schraffierung bezw. Verzierung) betrachtend, zeigt sich die Darstellung der sogen. Kompassstriche in Bezug auf »Stern und Strahlen« in Fig. 3 Marschhacht-Blankenese usw. von *N. H. Olbers* bezw. *Christian Moller* 1628 — 1672, — Fig. 13, Jade, Weser, Elbe, Eider von *Johann Mensing*, Bremen 1791, — Fig. 14, Harbour of Heligoland von Ltnt. *S. Dickinson*, R. *Engineers* 1808 noch entsprechen der nach 1345 von einem Unbekannten gezeichneten Karte in der Bibl. Nacionale, Madrid (gütige Mitteilung von Herrn Prof. *Blásquez*), die später natürlich nicht selten sich wiederholt, obwohl auch damals schon der Stern mit 32 Spitzen im Gebrauch war. — Fig. 5, Altengamme bis Nienstedten, *Joh. Baptist Homann*, Nürnberg 1730 gibt nur 4 Richtungen (der Entwurf ist der von Tafel 8, Fig. 2 und 3, überhaupt — wie schon dort angedeutet — in jener Zeit nicht selten); Fig. 15, Das Gebiet der Stadt Hamburg usw., *P. G. Heinrich* 1810 nur 8 Richtungen; Fig. 17, Die Leuchttürme an der Deutschen Nordseeküste, Zeichner? 1830? nur 16. Fig. 6, Hamburg, St. Pauli, Zeichner unbekannt, zeigt sonderbarerweise 6 Hauptrichtungen und 6 Zwischenrichtungen, greift also zurück auf die einfachste Teilung des Kreises d. i. in sechs gleiche Teile, indem man von einem Punkte ausgehend, seinen Halbmesser an dem Kreisumfange abträgt, was bekanntlich nach dem sechstenmal zum Ausgangspunkt zurückführt. — Die Schraffierung bezw. Verzierung der sogen. Kompassstriche zeigt auf's Neue, wie lange Gewohnheiten neben einander bestehen; während Fig. 3 die älteste bekannte romanische Reihenfolge der Schraffierung hat, sieht man sie bei Fig. 4, Weser, Elbe, Mündungen, *S. G. Zimmermann* 1721, insofern nur teilweise, als der Nord- und Südstrich die altniederländische zeigt, alle anderen ihrer Striche haben die romanische; sämtliche übrige Blätter von Kompassrosen dieser Tafel 11 sind auf altniederländische Weise schraffiert d. h.

die Linien bezw. die dunkelsten folgen nicht regelmässig aufeinander, sondern liegen an derselben Seite eines auf den Mittelpunkt gelegten Lineals, wodurch die gleiche Liniirung an einer Stelle zusammenstossen muss. Fig. 9 und das hier nicht gezeichnete, weil diesem gleiche Blatt zu Fig. 16, beide von *Cornelius Martin Wohlers* und Sohn *Christian Peter*, erstere Geesthacht bis See ungefähr 1775, letztere Reede von Lübeck bis Hamburg 1810, zeigen unverkennbare Ähnlichkeit mit den Rosen von *Waghenaer* und *Barentzoen* am Ende des 16. Jahrhunderts, zu Fig. 1 schon früher bemerkt.

Für die **Nordmarken** gilt das bei den betr. Abbildungen auf Tafel 8—10 Gesagte: die von Fig. 1, 3, 8 aus Deutsche Bucht der Nordsee - Borkum-Horns Riff, Zeichner unbekannt, 1762, — Fig. 10 Mündungen der Weser, Elbe, Eider, Hever; *Simon Jansen* in Husum 1776, — Fig. 11 dasselbe Gebiet wie die vorige von *I. D. Trock*. — Fig. 14, 15 und 16 sind teils unmittelbare, teils ausgeschmückte Abbildungen von Magneten und deren Trägern alter Schwimmbussolen, wie man sie ähnlich nach 1345 trifft, eine wirkliche »Lilie« zeigt nur Fig. 5. — Fig. 6 ist besonders beachtenswert: ihre Nordmarken sind ebenfalls Anklänge an ein Paar der ältesten Abbildungen aus denen die Gestalt des Kompassmagnets zu erkennen ist, die des Mittelringes auch an *Pedro de Medina*; die am äussersten Rande ist eigenartig zu nennen; sie dürfte selten sein, es ist offenbar der dreieckige Magnet einer Schwimmbussole, so reichlich mit Trägern versehen, dass er keinesfalls untersinken konnte. — Fig. 4 und 7. Weser- und Elbe-Mündung, *Hasenbanck* 1751, — Fig. 9 und 13 sind nach meiner Ansicht dieselbe Sache nur zur Lilie stilisiert; dabei erkennt man niederländische Vorbilder, weil die ältesten im Norden Europas für den Verkauf gefertigten Seekarten in den Niederlanden man zeichnete. Den Deutschen, nicht zum geringsten Teil friesischen Schiffsführern war Hochdeutsch schwer verständlich, — sie sprachen es wenig oder gar nicht, während Plattdeutsch und Friesisch keine Schriftsprache waren, soweit man es schrieb oder druckte, blieb es geschriebene oder gedruckte ortsübliche Sprachweise; daher ist es erklärlich, dass auch für Bezeichnungen und Erklärungen auf den vorwiegend für den Gebrauch von Schiffsführern bestimmten Karten, niederdeutsche Sprache benutzt wurde. So verleugneten auch die Kompassrosen und ihre Nord- bezw. Ostmarken nicht die Urbilder. Fig. 17 und 18 Stromkarte der Elbe von Geesthacht bis Blankenese usw., *H. Hübbe* und *H. Blohm* 1849 fallen auf durch die Verwendung des Pfeiles, sowohl für rechtweisend (wahres) als für magnetisches Nord; in Fig. 1 habe ich (wie schon früher gesagt) das wahre Nord durch einen Stern bezeichnet; der Pfeil für beide Linien ist in den hier vorliegenden Karten, noch nach 1849 gebraucht.

Fig. 12 ist die **Südmarke** des Grundriss von Altona; *W. C. Praetorius*, Kgl. Dän. Premier-Lieutnant, 1780; diese Kompassrose hat keine Ostmarke, aber als **Westmarke** einen kleinen Kreis.

Von den fünf auf Tafel 11 gezeichneten **Ostmarken** ist die von Fig. 1 wegen Ähnlichkeit mit einer Knospe schon früher erwähnt, so auch das Kreuz von Fig. 9 und 16, das allerdings in verschiedener Gestalt erhalten ist; die Ostmarken von Fig. 3 und 4, besonders Fig. 17 sind eigenartiger.

Alle Kompassrosen von denen hier nur Nord-, Süd- und Ostmarken erwähnt wurden, sind schon besprochenen so ähnlich, dass es nicht nötig schien, sie zu wiederholen.

Es mag auffallen, dass von den sieben Fällen, in denen auf Tafel 11 die **Missweisung** angegeben ist (d. h. der Winkel den ein freischwebenden Magnet mit der wahren oder geographischen Nord-Südlinie bildet) fünf die Nord-Südlinie des Kompasses als Ausgang der Richtungslinien haben, nur zwei Fig. 15 und 18 die wahre Nord-Südlinie. Als Grund dafür kann man annehmen, dass bis vor ungefähr 100 Jahren die meisten Aufnahmen von Ländern und Gegenden noch auf den Kompassrichtungen beruhten, selbst wenn Theodolithen oder ähnliche Instrumente benutzt wurden; — sie waren damals eigentlich nur, mit Fernrohr und Höhenkreis versehene Geometer (Landmesser) Bussolen. — Durch den Gebrauch der Sonnenuhren, besonders der tragbaren (Taschen) Horizontal-Sonnenuhren geht der Gebrauch der wahren Nord-Südlinie als Haupt-Richtungslinie allerdings sehr weit zurück.

Die Verhältnisse unter denen die jetzt staatliche Navigationschule entstand und bis vor ungefähr 40 Jahren bestehen musste, machen es erklärlich, dass manche für geschichtliche bezw. Entwicklungs-Forschung wichtige Dinge, die nach der Festschrift zum Einhundertfünfzigjährigen Bestehen einer Navigationsschule in Hamburg — früher dorthin kamen, jetzt nicht mehr vorhanden sind. Indes besitzt diese Schule nicht nur eine Reihe alter holländischer und deutscher Navigations-Lehr- und Handbücher, sondern auch einige See-Atlanten aus dem 17., 18. und Anfang des 19. Jahrhunderts, deren Benutzung Herr Direktor Prof. Dr. *Bolte* bereitwilligst und gütigst mir gestattete, wobei der Verwalter der Bibliothek Herr Navigationslehrer *Buide*, auf freundlichste und entgegenkommendste Weise mir behilflich war. — Die holländischen Karten zeigten Anlehnung an *Waghenaer* und *Barentzoen* u. A., nur (wie schon bei der

Kompassrose von *Justinus Dankert* Tafel 8, Fig. 2, S. 26 erwähnt), sieht im Atlas von *van Keulen* die Ostmarke ein paar mal, obwohl ein Kreuz mit Strahlen, einem Stern sehr ähnlich. Der See-Atlas von Schweden, von *Gustav af Klint* 1795—1816 hat die meisten Rosen in der durch Fig. 14 bereits erwähnten Gestalt von Ltnt. *S. Dickinson* (1808), nur als Nordmarke einen fünfzackigen, manchmal etwas verschieden gestalteten Stern (Polarstern), den ein Strahlenkranz umgibt, der aber auch nicht gleichmässig gezeichnet ist vergl. Tafel 11, Fig. 19—22. Eine einzige Kompassrose weicht hiervon ab: die der Karte der Paternoster Skären von *Erick Klint*, 1795, wird gebildet durch einen Stern von 8 Zacken, dessen Mitte ein ebensolcher ist, dessen Schattierung aber mit der des äusseren abwechselt d. h. man hat sie auf NNO usw. gestellt.

Die Nordmarke der Kompassrose ist ebenfalls eigenartig: ihr Mittelstück bezw. Hauptteil zeigt eine Vase mit zwei Henkeln, also Anspielung auf die Familie der Könige Schwedens, — Wasa s. beistehende Abbildung Nr. 2. Die englischen See-Atlanten der staatlichen Navigationsschule reichen von 1750: *Murdoch Mackenzie*, Orkney's und Lewis In. — bis 1840, *Charles Wilson*, in dem ersteren sind alle Kompassrosen romanisch gereiht, im East India Pilot von *Robert Laurie* und *James Whittle*, 1799 teils romanisch, teils altniederländisch. Einige Rosen haben die Zeichnung die später *S. Dickinson* anwandte Tafel 11, Fig. 14;

die anderen sind bereits angegebene, mit Ausnahme der beistehenden Abbildung Nr. 3, deren innerste Rosette allerdings ganz ähnlich schon 1583 bei *Lucas Jans Waghenaer* auf De Zee Kuste van't Land te Nordoosten zu sehen ist. (Die Zeichnung einer Rose als Mittelstück findet sich wenn nicht früher 1523—24 in der türkischen Handschrift des *Piri Reis*: Kitab al bahryjà, Kgl. Bibliothek in Berlin, gütige Mitteilung von Herrn Dr. *Weyl*; doch will ich nicht daraus folgern, dass die Bezeichnung »Rose« für die Abbildungen auf dem Kompassblatt, dem Orient entlehnt sei).

Die **Nordmarken** der Kompassrosen in diesen englischen Karten erinnern teils an altniederländische, teils an die alte Schwimmbussole.

Nur im ersten Teil des East India Pilot, England—Ceylon 1799 sind einige die missweisende Nord-Südlinie enthaltende Kompassrosen auf missweisend Nord-Süd gezeichnet, sonst alle in diesem, dann oben genanntem *Mac Kenzie's* Atlas, im West India Pilot von *Thomas Jeffreys* 1783 und in *Wilson's* 1840: auf rechtweisend Nord-Süd.

Nach dem Lehrbuch von *Nierop* ordnete man 1695 die Strichelung der Kompassrosen in den Niederlanden auch schon romanisch.

In den Atlanten und Karten der Commerz- und der Stadtbibliothek sind wohl noch eigenartige Zeichnungen der Kompassrosen enthalten, es ist aber unmöglich, diese einzeln durchzusehen; man bedenke allein die Sammlungen der Herren Bürgemeister *A. A. Abendroth* und *J. Klefeker*, jener 8, dieser 13 Bände (mehr als 1300 Karten) Gr. F. auch Senator *Cropp* in Commerzbibl.! die mehrfach erwähnten niederländischen von *Waghenaer* und *Barentzoen* nebst späteren fand ich in den betr. Werken beider Bibliotheken.

Tafel 7, Fig. 4 zeigt einen **Schattenstift** *(Mus. f. Hmbg. Gesch.)* der aber nicht wie beim *Ferreira* Kompass, Tafel 2 Fig. 1 auf die Spitze des Hütchens gesteckt war, auch sicher nicht im Deckelglase des Kompass befestigt, sondern in einem quer über den Deckel reichenden Stege, so dass das unterste Vierkant und die unterste Rundung in dem Steg versenkt waren, während die runde Platte auf diesem lag; eine in das Vierkant fassende Schraube zog den Stift dann noch fester an den Steg; der Zweck der kleinen Platte auf nicht ganz halber Höhe des Stiftes, ist mir nicht erklärlich. Der Schatten des Stiftes fällt auf die Gradteilung, in entgegengesetzter Richtung befindet sich also die Sonne: das ist eine sehr bequeme Sonnen-Peilung, indes sind dabei sehr grosse Fehler möglich durch Schiefstehen (Verbiegung) des Stiftes, abgesehen von den Fehlerquellen, denen auch Peilungen mit den Absehen (Dioptern) unterworfen sind; jedoch, der Schattenstift ist bequem, also ist er »praktisch«.

An einigen Stellen ist bereits darauf hingewiesen, dass Erwähnung der Ähnlichkeit mit älteren Abbildungen, nicht die Ansicht in sich schliesst, der Betreffende habe diese ohne Quellenangabe entlehnt, sondern es ist dies nur ein Beweis, wie sich solche Formen erhalten und wieder Beachtung finden; dies sei hier wiederholt als ebenfalls für die Fälle geltend, bei denen es nicht besonders erwähnt ist.

Von mehreren der hier genannten Kompasse und Kompassteile, mit Ausnahme der Rosen, Nord- und Ostmarken, erschienen Abbildungen in meinen Aufsätzen über die Entwicklung der einzelnen Kompassteile, Central-Zeitung für Optik und Mechanik 1890—1894.

Hier sei noch aufmerksam gemacht, auf **die erste Erwähnung des Wortes »Kompass«** zur Bezeichnung dieses Instrumentes **als zur Schiffsausrüstung gehörend.** *Jal. Archeologie navale II* S. 278 berichtet nach *Strutt*, der die betreffende Handschrift fand in der *Bibliotheca Cotoniensis: Christopher Morres*, erwähne den Kompass zuerst 1532 Okt. 6. im Inventar der englischen Bark *Vyenwyd*; Deutschland und Hamburg besitzt jedoch ältere Beweise für Benutzung jenes Wortes zum selben Zweck. Herr Staatsarchivar Dr. *Hagedorn* teilte mir schon Dezember 1906 freundlichst mit, dass im Hansischen Urkundenbuch Bd. VIII, S. 709 unter dem Inventar eines im Jahre 1460 von den Dänen gekaperten Danziger Schiffes auch »Kompasse« und »Segelsteine« (Magnetsteine) genannt sind; ferner dass nach Ausweis der von *K. Koppmann* herausgegebenen Kämmereirechnungen der Stadt Hamburg Bd. II, S. 130 der Hamburger Rat im Jahre 1461 von *Gherard van Essen* zwei Kompasse kaufte. — Beide Angaben fand Herr Dr. *Nirrnheim* bei seinen Arbeiten. — Gegen letztere könnte man einwenden, es handle sich nicht um Kompasse (sie lautet pro duobus compassis) sondern um Zirkel, im Plattdeutschen Passer genannt, doch scheint der Einwand mir nicht stichhaltig. Aus den Rechnungen geht hervor, dass *G. v. E.* Ratsdiener war und zwar Hopfenmesser (hoppemeter) auch hatte er den Marktgroschen einzuziehen de foro humuli, am Messberge, an den sich anschloss die städtische Hopfenniederlage (Hopfensack); da wird er gewiss mit Leuten in Verbindung gekommen sein die bei ihren Fahrten auf der Unterelbe den Kompass benutzten, aber auch ihr Leid darüber klagten; das hörte er sicherlich ebenfalls von Führern der Staatsfahrzeuge, da kann er, wie wohl mancher andere, versucht haben Kompasse herzustellen, die man ihm abkaufte, Zirkel kaufte man vom Zirkelschmidt. — Die nächste jedenfalls unzweideutige Angabe betr. Benutzung des Wortes Kompass für dies Instrument im Schiffsgebrauch findet sich in denselben Kämmerei-Rechnungen im Jahre 1471 Bd. 3, S. 14, Z. 19—20: Ad naves civitatis 9 ℔ 5 ß pro compasse et nachtglase; hier kann nur der »Kompass« gemeint sein; auch dies ist noch Jahrzehnte früher als bei *Vyenwyd*.

Die im Besitz Hamburger Staatsanstalten befindlichen Kompasse und Kompassteile bilden zwar keine geschlossene Reihe von den Anfängen dieses Hilfsmittels bis zur Jetztzeit, aber sie zeigen doch mehrere beachtenswerte Stellen in seiner Entwickelung. Leider dürfte es nicht leicht sein, Sammlungen zu finden, in denen diese Entwicklung klar erkenntlich ist; im *Arsenal der Kgl. Grossbritannischen Marine zu Deptford* soll eine grosse Anzahl Kompasse von sehr alter Zeit her vorhanden sein, deren Besichtigung aber abhängig ist von der Erlaubnis des Herrn Chef des Hydrographischen Amtes der britischen Admiralität.

Auch von anderen *alten nautischen Instrumenten* bezw. *wissenschaftlichen Instrumenten* sind noch sehr beachtenswerte im Besitz Hamburger Staatsanstalten. Nach dem Protokoll der *Hamburger (Patriotischen) Gesellschaft zur Beförderung der Künste und nützlichen Gewerbe* v. J. 1794. Oct. 30. überwies die *Commerz-Deputation* jener Gesellschaft eine Sammlung von 14 Nummern »mathematische Werkzeuge« (jetzt würden sie astronomisch, geographisch und nautisch genannt sein), von denen war Nr. 4 ein Quadrant von *Bayer*, 18 Zoll Radius, Nr. 8 ein Jakobsstab von Ebenholz, Nr. 9 ein *Hadleyischer* Octant, 2 engl. Fuss Radius von *Sisson*, Nr. 10 ein Kompass mit Dioptern von *van Keulen*, Nr. 11—14 vier andre Kompasse. In dem Verzeichnis der von der Gesellschaft gesammelten Bücher und Kunstwerke 2. Ausg. 1797 sind angegeben: 14. Ein Pylkompass. 15. Ein grosser Seekompass. 16. Einige Seekompasse mit künstlichen Stahl-Magneten auf Veranlassung der Gesellschaft von *Neubert* verfertigt. 17. Zwei kleine Taschenkompasse. Die Sammlungen von Herren Prof. *Büsch* und Senator *Kirchhoff* kaufte 1800 bezw. 1803 die Admiralität und überwies sie der Stadtbibliothek oder der Naturwissenschaftlichen Sammlung, auch Herr Prof. Dr. *Wiebel sr.* soll s. Z. manche gesammelt haben; alles mag später an das akademische Gymnasium gekommen sein, was davon noch vorhanden ist, kann ich nicht angeben; es ist hier aber keine Gelegenheit, die älteren Instrumente zu beschreiben.

Möchte diese kleine Schrift beitragen, dass, wo sich noch alte Kompasse, Instrumente, Karten, nautische Bücher im Privatbesitz befinden, man sie statt verkommen zu lassen, Museen übergibt.

Anhang.

Die **Protokolle der öffentlichen Versammlungen und der Vorstands-Sitzungen** zeigen viel deutlicher als die beiden Angaben S. 4— 5, welche Aufmerksamkeit die *Patriotische Gesellschaft* der Anfertigung damals für gut gehaltener Kompasse widmete. Herr *Kowalewski*, Archivar der P. G. hatte, für eine Arbeit über *Neubert*, betreffende Auszüge gemacht und war so gütig, sie mir hierfür zur Verfügung zu stellen.

Vorstandssitzung 1765, Juni 27. 4) Den Seefahrenden bessere Kompasse zu verschaffen, beschloss man einen geschickten Mechanicum desfalls aufzumuntern, da wie Herr *Tonnies* berichtete, die Schuld eines neulich auf der englischen Küste aus blossem Versehen gestrandeten Schiffes, auf den schlechten Kompass geschoben wird. Herr *D. Reimarus* schlägt vor, einen der zum gemeinen Besten auch für Auswärtige bestimmten Preise hierauf zu setzen: wer den richtigsten Kompass so für Kaufmannsschiffe nicht zu teuer wäre, mit aller Vorsicht zu machen zeigte? welches für gut befunden wird.

Vorstandssitzung 1765, Sept. 18. Der Herr *D. Reimarus* versprach, von dem Herr *Allemand* [1]) einen Kompass zu verschreiben; und man beschloss, um auch hiesigen Seefahrenden auf eine wohlfeile Art zuverlässige Kompasse zu verschaffen, demjenigen eine Prämie zu bestimmen, der jenen wohlfeil und am besten nachmachen und die Art zeigen würde, wie sie am besten aufgehängt werden könnten.

Öffentliche Versammlung 1765, Okt. 10. 11. erwähnten die Vorsteher — — — sie hätten bereits dem Herrn *Neubert* Vorschläge zur Verfertigung eines Seekompasses getan, der vor den gewöhnlichen verschiedene Vorzüge hätte, wie sie denn auch der Gesellschaft einen auf solche Art von ihm verfertigten Kompass vorzeigten. Die Veranlassung hierzu habe ihnen die Nachricht von einem auf der englischen Küste verunglückten Schiffe gegeben, welches angeblich dadurch geschehen, dass der Kompass seine Kraft verloren hätte, wogegen man ein bewährtes Mittel vorgeschlagen, seine Kraft in einigen Minuten wieder herzustellen. (Dies Mittel ist nicht genannt. A. S.)

Vorstandssitzung 1765, Okt. 11. Des Mechanikers *Neubert's* Versuche dem Kompass, wenn er seine Kraft verliert, dieselbe in einigen Minuten wieder herzustellen.²)

Vorstandssitzung 1765, Okt. 16. Man untersuchte die gewöhnlichen Schiffskompasse, und da man solche sehr mangelhaft fand, so ward beschlossen, einen Kompass aus England kommen zu lassen und dadurch, wie auch überhaupt, dem Herrn *Neubert* nähere Instruktionen zur Verfertigung tüchtiger Kompasse zu geben.

Öffentliche Versammlung 1766, Juli 28. Wegen des Kompasses sei bereits geschrieben, man hoffe also nächstens aus England einen zu erhalten, der vor den gewöhnlichen die grössten Vorzüge hätte. Man würde alsdann den hiesigen Künstlern solche bekannt machen, und ihnen die Vorteile desselben anzeigen.

Öffentliche Versammlung 1767, April 11. Wegen eines richtigen Kompasses haben die *Deputierten* fürs erste einen der besten aus London verschrieben. Da aber dieser ihren Absichten noch nicht völlig Genüge tut; so haben sie auch in Holland bei einem geschickten Künstler einen anderen bestellt. Und man wird alsdann Anstalt machen, mit Beobachtung der besten Vorteile, allhier Kompasse verfertigen zu lassen, welche ohne zu teuer zu sein den erforderlichen Nutzen schaffen.

Vorstandssitzung 1767, Aug. 12. Herr D. *Reimarus* hatte einen Kompass aus Leyden und Herr *Tonnies* einen desgleichen aus London verschrieben, welche beide vorgezeigt wurden. Man beschloss selbige dem Herrn *Neubert* mitzuteilen, um die Verbesserungen daran sich zunutze zu machen, und neue darnach zu verfertigen, die nicht zu kostbar wären.

Vorstandssitzung 1767, Sept. 9. 4) Es kamen verschiedene Prämien in Vorschlag — — d) den besten Kompass p. NB. wegen des letzten Punktes ward beliebt, dass der Kompass nicht unter den Prämien sollte angeführt werden, sondern nur als eine Angabe, deren Besorgung die Gesellschaft auf sich nehmen wollte.

Öffentliche Versammlung 1767, Nov. 12. Sie haben ausser dem Londonschen Kompasse, der von dortiger Admiralität approbiert ist, und ihren Kriegsschiffen mitgegeben wird,³) noch einen dergleichen aus Leyden verschrieben, der durch die Bemühungen eines dasigen berühmten Professors noch besondere Vorteile erhalten hat.¹) Ihre Absicht dabei war, die wesentlichen Vorteile davon hiesigen Künstlern anzugeben, und statt der gewöhnlichen, welche sie sehr schlecht befunden, andere genaue und doch nicht zu teure Seekompasse zu verfertigen. Und hiervon haben sie die Ehre, einen von dem Mechanikus *Neubert* zur Probe gemachten vorzuzeigen.

Vorstandssitzung 1768, März 23. 3) Herr D. *Reimarus* las einen von ihm aufgesetzten Bericht für die Schiffer von den Kompassen vor.

Vorstandssitzung 1768, April 6. Herr *Sonnin* berichtet, dass er dem Mechanikus Herrn *Neubert* die vollständige Anweisung zur Verbesserung des Kompasses gegeben habe.

Vorstandssitzung 1768, Mai 18. Herr D. *Reimarus* brachte einen Aufsatz für die Schiffer, in Ansehung des neuen Kompasses, und zeigte dabei an, dass er diese neuen Kompasse bei Herr *Neubert* besehen, sehr gut befunden und wegen Streichung der Nadel ihm Anweisung gegeben habe.

Vorstandssitzung 1768, Juni 1. Herr *Neubert* brachte seine neuen Kompasse, die von zwei Schiffern besehen und vollkommen approbiert wurden.

Öffentliche Versammlung 1768, Juni 30. Mit den Schiffskompassen sei man weit gekommen, und vermeine, dass die hiesige Verfertigung alle bisherige englische, holländische und teutsche an Richtigkeit sehr weit übertreffe. Man habe dazu eine neue Rose unter dem Namen der Hamburgischen Gesellschaft stechen lassen und zeige hierbei von dem Mechanikus *Neubert* verfertigte Kompasse vor. Es sei auch ein Bericht für die Schiffer gedruckt, welcher einem jeden zu verkaufenden Kompass beigegeben werden solle. Wegen der Kompasse wurde noch beliebt, dass hinführ keiner verkauft werden solle, der nicht von der Gesellschaft Vorstehern besichtigt und approbiert worden sei.

Vorstandssitzung 1768, Juli 27. Herr *Sonnin* erwähnte, dass Herr *Glashoff* sich alle Mühe geben wolle, die Kompasse, welche Herr *Neubert* nach der Anweisung der Vorsteher verfertigt, auf holländischen Schiffen anzubringen. Es ward also dem *Neubert* aufgetragen, einen dieser Kompasse dem Herrn *Glashoff* zuzuschicken, damit die Schiffer ihn besehen könnten.

Vorstandssitzung 1768, Juli 28. Herr Dr. *Reimarus* hatte für die Schiffer eine besondere Nachricht wegen der neuen Kompasse der Gesellschaft drucken lassen.

Vorstandssitzung 1768, Aug. 24. Herr *Neubert* fand sich ein, und tat Anfrage, ob es nicht besser sei, die Kompasse ohne gläserne Pfannen zu machen. Dieses wurde approbiert und Herr *Neubert* versprach, Herrn *Kirchhoff* 12 Stück einzuliefern.

Vorstandssitzung 1768, Sept. 7. Herr *Kirchhoff* berichtete, dass ihm von Herrn *Neubert* 12 von den Kompassen der Gesellschaft wären eingeliefert worden. Man vereinigte sich in Ansehung dieser Kompasse darin, daß sie nach angestellter Untersuchung von den Herrn Vorstehern, im *A. B. C.* sollten verkauft werden. Und Herr *Kirchhoff* machte sich anheischig, mit den Inhabern des *A. B. C.* das Nötige desfalls zu verabreden, und auch den Herrn Maklern *Glashoff* und *Schmidt* einen Kompass zuzuschicken. Zu der Untersuchung der Kompasse bei dem Herrn *Kirchhoff* wurde der künftige Montag, der 12. September bestimmt und zwar des Morgens um 10 Uhr.

Vorstandssitzung 1768, Sept. 21. Herr *Kirchhoff* berichtet, dass die gelieferten zwölf Stück Kompasse von den Herren Vorstehern wären nachgesehen worden; sechs habe man für gut befunden, und sechs, die die gehörige Beweglichkeit nicht gehabt, wären Herrn *Neubert* zur Verbesserung zurückgegeben, davon er bereits fünf ganz vollkommen geliefert habe. Herr *Kirchhoff* wollte, wenn nur der Aufsatz davon in den Zeitungen gewesen wäre, das übrige besorgen; dieser Aufsatz wurde sogleich abgefasst.[4])

Vorstandssitzung 1768, Okt. 4. Ein gewisser Schiffer Namens *Schmidt*, zeigte Herr Baumeister *Sonnin* an, hätte einen von den Kompassen der Gesellschaft nach Archangel mitgenommen und berichte, dass er ihn ausserordentlich gut gefunden habe. Die Magnetnadel hätte den Strich nach Norden ungemein steif und unwandelbar gehalten. Er bemerkte besonders, dass sie um $^3/_4$ Strich weniger Abweichung hätte als die gewöhnlichen (welches ungefähr 8 Grade ausmache). Er wünsche noch diese Verbesserung daran, dass an dem Rande ein messingner Ring sein möchte, damit das Papier der Rose nicht krumm würde.[5])

Vorstandssitzung 1768, Nov. 16. Herr Baumeister *Sonnin* hat die Kompasse der Gesellschaft mit holländischen bei Herren *Rohl* und *Kramer* verglichen; die ersteren hatten den Vorzug vor diesen. Die Leipziger Gesellschaft hat Herrn Dr. *Pauli* um die Beantwortung einiger Punkte ersucht. — — — Den 8. Punkt vom Seekompass habe die hiesige Gesellschaft beantwortet, würde aber gern auf Verlangen einen Kompass einschicken.

Vorstandssitzung 1768, Dez. 14. Da man wegen der Kompasse bemerkt hat, dass die Magnetnadeln vermutlich wegen der zu frisch geklebten Pappen gerostet wären, so wollte man Herrn *Neubert* ersuchen, alle wieder nachzusehen, und frische Nadeln aufzusetzen. Herr Baumeister *Sonnin* schlug vor, dass man: 1) das messingne Gehäuse wenn es angestrichen ist, und 2) das Glas, wenn es verkittet ist, ingleichen 3) den hölzernen Kasten wohl austrocknen lasse, und alsdann zwischen der Nadel und Rose ein Stück Flittergold mit einschiebe. Ein Schiffer, mit Namen *Halle Jansen*, der den Kompass mit nach Archangel und von da nach Havre de Grace genommen hat, bezeugt, dass er ihn überaus gut befunden habe.

Vorstandssitzung 1769, März 8. Es ward angezeigt, dass die Kompasse aus dem *A B C* verkauft wären, und Herr *Neubert* erhielt den Auftrag, noch mehrere zu schaffen.

Vorstandssitzung 1769, März 22. Herr *Neubert* hat wieder Kompasse geliefert. Es wurde beschlossen, ihm kein Geld zu geben, ehe er nicht wieder ein Dutzend komplet und ohne Fehler geliefert.

Vorstandssitzung 1769, Mai 18. Mit dem Schiffskompasse, welchen die Gesellschaft hat verfertigen lassen, sind die bereits angestellten Versuche gut von statten gegangen, und die Schiffer denen sie davon nach England, Frankreich und nach Archangel mitgegeben haben, sind damit sehr zufrieden. Sie hoffen daher, dass man Ehre damit einlegen wird, sobald sie nur bekannter geworden sind.

Öffentliche Versammlung 1771, April 25. Die *Vorsteher* zeigten an, dass sie bei denen nach ihrer Angabe verfertigten und verbesserten Seekompassen noch einigen Schwierigkeiten abgeholfen hätten, die zwar nur Nebenumstände betroffen hätten, weil die daran befindliche Magnetnadel untadelhaft befunden worden. Der neue Kompass wurde vorgezeigt und die Verbesserungen daran bemerkt, nebst den Ursachen und Absichten derselben z. B. warum man zu der Büchse statt des Messings Kupfer gewählt habe. Die Schiffer könnten sich demnach mit diesen zuverlässigen, nur von den Vorstehern untersuchten Kompassen zu dem mässigen Preise von 4 Rthlr, allhier im *goldenen A. B. C.* versehen; diejenigen aber, welche sich schon vorher Kompasse angeschafft haben, möchten selbige bei dem Mechanikus *Neubert* einliefern, um sich diese neue Verbesserung zu Nutze zu machen.

Vorstandssitzung 1772, Aug. 19. Herr *Schiebeler* meldete in einem Schreiben, dass er noch zwei Kompasse für die Gesellschaft habe.

Vorstandssitzung 1790, Febr. 25. Herr Dr. *Reimarus* schlug vor, den beiden geschicktesten der Examinaten (d. i. bei der Prüfung zum Steuermann) ausser den 30 ₰ (Prämie, welche die fünf besten erhielten) noch den Kompass der Gesellschaft zu erteilen. (Der Vorschlag wurde angenommen).

Vorstandssitzung 1790, Juni 10. Herr *Tonnies* erwähnte eines verbesserten Kompasses, den ein Braunschweigischer vor einiger Zeit hier verstorbener Künstler hinterlassen habe et promitt. nähere Erkundigung.

---

[1]) Herr Hochlehrer Dr. *J. C. Kluyver* z. Z. Rektor der Universität Leiden hatte die Güte im Betreff Prof. *Allemand* mir mitzuteilen, dass von diesem die Porträtsammlung der Leidener Professoren ein Bild enthält mit der Unterschrift: *J. Allemand*. Lausanna. Helv. Franek 1747. phil. prof., deinde Leidae phil. et math. prof. ord. 30/5. 1762. Natus 18/9. 1713. Ob. 2/3. 1787. (Franeker ist eine kleine Stadt in Friesland, früher Sitz einer Universität). — Herr *M. C. F. J. Cosijn*, Adviseur Verificateur *van's Rijks Zee-*

Instrumenten, Leiden, konnte weder in Prof. *Allemand's* Briefen, noch in seinen Werken etwas von Bedeutung finden in Bezug auf Kompasse; mir gütigst angegebene Bücher, in denen es nicht unmöglich ist, sie enthielten Mitteilungen von Prof. A. konnte ich noch nicht erlangen.

²) Auch dieses Mittel ist nicht angegeben. Folgendes wird schon damals bekannt gewesen sein: Durch starkes, anhaltendes Klopfen bezw. Schlagen oder Stossen erhält ein Stahl- und Eisenstab einen gewissen Betrag von Polarität also auch Richtkraft, am meisten, wenn der Stab dabei in der Richtung der magnetischen Inklination (d. i. der Neigung eines freischwebenden Magnet) liegt. Ob dieser Betrag aber so gross ist, um eine Kompassrose, besonders eine damalige, sich richtig einstellen zu machen, habe ich noch nicht versucht. *Pedro de Medina*, i. J. 1545, und Mancher nach ihm schreiben vor, sich einen guten Magnetstein mitzunehmen, um den Kompassmagnet streichen zu können; nach freundlicher Mitteilung von Herrn *Jourdan*, früher Meister in der Werkstätte der Hamburg-Amerika-Linie, hatte sein Vater, der Schiffskapitän war, noch solchen Stein zu diesem Zweck, also bis nach der Mitte des vorigen Jahrhunderts; ich kaufte mir i. J. 1868 von *Oertling* in Berlin einen sehr kräftigen Hufeisenmagnet den ich sobald und so lange das Schiff ruhig lag, belastete; vorher hatte ich nur einen sehr schwachen Stab. Sobald »der Kompass träge« wurde, magnetisierte ich den oder die Magnete aufs Neue; Stumpfwerden der Pinne und Abnutzung der Politur des Steines im Hütchen (der Pfanne) trugen aber auch grosse Schuld. — Diese Abstumpfung und Abnutzung (die viel rascher sich einstellt, als im Allgemeinen angenommen wird) trägt auch jetzt noch grosse Schuld am »Mitschleppen« und Faulwerden« der Kompasse, nicht zum wenigsten bei Schwimm- (Fluid-, Liquid-, Spriet-) Kompassen.

³) Herr Capt. *L. W. P. Chetwynd* R. N., Chef der Kompass-Abteilung im Hydrographischen Amt der Kgl. Grossbrit. Admiralität, teilte mir gütigst mit, dass die Schriftstücke des Kompass-Museum nicht weiter zurückreichen als das Jahr 1800. Ein amtliches Schreiben vom 19. Juli 1752 ordnet an, das Navy Board (die Admiralität) solle jedem für ausländischen Dienst auszurüstenden Schiff einen von Dr. (*Gowin*) *Knight's* Kompassen mitgeben. — Es ist also wahrscheinlich, dass ein derartiger Kompass 1767 aus London an Herrn *Tonnies* geschickt ist.

⁴) »Die gehörige Beweglichkeit nicht gehabt«; die »Beweglichkeit« war eben zu gross; aber bis endlich *Wm. Thomson* (*Lord Kelvin*) den richtigen Grundzügen einer Kompassrose Bahn gebrochen hatte, beurteilte man die Güte derselben nach der Anzahl der Schwingungen die sie machte wenn bis zu gewissem Betrage abgelenkt.

»Die Magnetnadel eines Steuer-Kompasses muss wenigstens so viel magnetische Kraft besitzen, dass sie etwa sechs Strich aus ihrer gewöhnlichen Lage (dem magnetischen Meridian) gebracht, sechs Doppelschwingungen macht, bevor sie wieder zur Ruhe kommt. Die magnetische Kraft eines Peil- und Azimuthal-Kompasses muss noch grösser sein, die Nadel eines solchen Kompasses muss fast doppelt so viele Schwingungen machen, als die eines Steuer-Kompasses« so heisst es z. B. i. J. 1857, ähnlich noch später. Hier ist ganz ausser Acht gelassen das Verhältnis von Grösse und Gewicht des Blattes der Kompassrose und der Verbindung des oder der Magnete mit ihm — und die Verschiedenheit der Aufstellung sowie der Schiffsbewegung. Alle Kompasse eines Schiffes haben gleich gut zu sein; bei Ablenkung verlangt man nicht viel sondern wenig Schwingungen bis zur richtigen Einstellung. »Hätten wir gute Kompasse, so müssten wir uns schämen, wenn wir bei jetzigen Schiffen und dem jetzigen Steuergeschirr, das Schiff bei ruhigem Wasser nicht auf $1/2°$ sicher steuern könnten«. Das sagten zu mir steuernde Matrosen; worüber sie klagten gehört nicht hierher: die Rhedereien helfen sich damit, dass sie von Autorität Angegebenes verwenden; das kann man ihnen nicht im geringsten verdenken, ist aber nur Notbehelf.

[5]) »Dass die Magnetnadel den Strich nach Norden ungemein steif und unwandelbar festgehalten — — dass sie um $3/4$ Strich — ungf. $8°$ weniger Abweichung hätte als die gewöhnlichen« — diese Bemerkungen scheinen sonderbar, indes muss man in Betracht ziehen die eigenartige Weise, mit der Viele ihre Beobachtungen mitteilen und das geringe Verständnis, das man damals, selbst bis noch vor 20 Jahren in Bezug auf die Missweisung eines Magneten in vielen Kreisen antraf, in einzelnen vielleicht noch trifft. Die erste Bemerkung sagt nur, die Kompassrose war erheblich ruhiger als die von *Schmidt* bis dahin benutzten; die zweite mag wohl darauf zurückzuführen sein, dass er einmal bei Sonnenuntergang die Sonne erst mit dem einen, dann mit dem andern Kompass peilte, d. h. über den Kompass hin, nach der Sonne sah, denn eine Peilvorrichtung hatte der Kompass der Hamburger Gesellschaft nicht und der andere wohl auch nicht. Es kann auch sein, dass die Beobachtung am »gewöhnlichen« Kompass an ganz anderer Stelle geschah, vielleicht nur die in der Karte des *Schmidt* angegebene war, die, wer weiss wann genommen und an einem, vom damaligen Ort weit entfernten eingetragen ist. Die aus Tafel 11 ersichtlichen Missweisungen zeigen schon »Unstimmigkeiten«; findet man 1775 in Zeekaart van het Eyland Helgoland von *Christian Peter Wohlers* die Missweisung — 1 Strich W und 1808 in Chart of the Harbour of Heligoland by Lint. *S. Dickinson* of the Royal Engineers = 2 Strich W. so muss man fragen, wer hat falsch beobachtet? — 1775 in: Wangeroog

bis zur Hever von Captein *Cornelis Martin Wohlers* und Sohn *Christian Pieter* ist Missweisung 1 Strich W. 1787 Mündung der Weser und Elbe bis Helgoland und Büsum von *I. T. Reinke* und *I. A. Lang* zwischen Noorder Plat und Schaarhörn angegeben 20° 15′ W; dann mit geringem Unterschied in derselben Gegend dieselbe Missweisung bis 1846 *Abendroths* Karte, so liegt doch nahe zu schliessen: einmalige Beobachtung beständig wieder benutzt. Mit damaligen Kompassen und Peilvorrichtungen konnte eine Beobachtung leicht ein paar Grad fehlerhaft werden, die Ergebnisse von zwei Beobachtern leicht mehrere Grad von einander abweichen. Nicht ganz so schlimm, aber eigen genug liegt die Sache bei Hamburg selbst. Welche Kompasse und welche Kompass-Behandlung fand ich nicht noch vor 20 Jahren auf Schiffen! was sagte Dr. *Max Eschenhagen* (Verhandlungen des 8. Deutschen Geographentages zu Berlin, 1889, April 24.—26. S. 75): »Wie mangelhaft die Kenntnis der erdmagnetischen Elemente selbst bei Gebildeten noch ist, zeigen die Fragen, welche dem reisenden Beobachter gestellt werden (kann ich aus eigener Erfahrung bestätigen A. S.); gibt es doch sogar Ingenieure, die einen Wert der Deklination (Missweisung) für ganz Deutschland annehmen. — Sie betrug damals ungef. 7° im Osten, 16° im Westen Deutschlands. — Was hier von der Deutschen Bucht und Deutschland gesagt ist, kann man ohne irgend Jemand zu nahe zu treten auch für andere Gegenden und andere Länder annehmen. — Bei der grossen Wichtigkeit, die einerseits Kenntnis der Äusserungen des Erdmagnetismus für Seehandel und Seeverkehr hat, da andererseits aber die fortwährende Steigerung der Benutzung von Elektrizität diese Kenntnis beschränkt, an nicht wenig Orten verhindert, wäre es angebracht auf abgelegenen kleinen Inseln, selbsttätige Instrumente dafür einzurichten. In der Deutschen Bucht der Nordsee kommen Memmert und Trieschen (Busch, Buschsand) leider nicht in Betracht, weil sie unbewohnt sind, Neuwerk liegt zu nahe an Orten, an denen elektrische Bahnen oder Betriebe angelegt werden können (Wasser ist ein guter Leiter für Elektrizität), Rottum gehört zum Königreich der Niederlande, bleiben für Deutschland nur Baltrum oder Juist. — Solche abgelegene Orte sollten aber schon seit Jahren benutzt sein zu Stationen für Beobachtung des Erdmagnetismus.

S. 20 ist bereits darauf hingewiesen, dass ein Randmessingring, wie er damals gefertigt wurde nachteilig ist; durch den Gebrauch des Glimmers als Unterlage für das Papier oder Zeug worauf man die Kreisteilung druckte, ward er überflüssig, — auch bei den jetzt allgemein gebräuchlichen Blättern der Kompassrose aus Papier ist er so leicht wie möglich herzustellen.

Nachricht für die Schiffer
wegen der neuen Compasse der Hamburgischen Gesellschaft zur Beförderung der Künste und nützlichen Gewerbe.

Wenn ein Schiffer probieren will, ob er sich auf seinen Compass verlassen kann, so muss er ihn fürs erste auf einen festen Tisch setzen, und den Kasten sanft und langsam herumschieben, um zu sehen, ob die Rose allemal in derselben Richtung bleibe, wenngleich der Kasten verschoben wird. Will er es noch sicherer; so darf er sich nur einen beliebigen Punkt in dem Kasten bemerken, auf welchen die Rose gerade zu weiset. Alsdann halte er an der Seite des Glases einen Schlüssel, oder sonst ein Stück Eisen, oder einen Magneten, und ziehe damit die Rose aus ihrer Stellung, doch so, dass der Kasten ungerühret bleibe. Wenn sie nun dadurch von dem bemerkten Punkt abgezogen ist; so nehme man gemählig das Eisen, oder den Magneten weg, und lasse den Kompass sich wieder frey zurechte richten. Stellet die Rose, wenn sie nach solcher Probe ruhig geworden ist, sich allemal wieder auf denselben Punkt, so hat sie die gehörige Beweglichkeit. Nun wäre noch die Frage, ob sie auch recht weise, welches jedoch ein Schiffer auf der See nicht wohl mit Zuverlässigkeit untersuchen kann. Es ist aber leicht zu urtheilen, dass, wenn eines oder das andere dieser Eigenschaften an dem Compasse fehlt, der Schiffer nicht zuverlässig, oder richtig darnach segeln könne.

Nun wird man finden, dass die gewöhnlichen Compasse, deren sich die Kauffardeyschiffe bedienen, sehr selten so gemacht sind, dass man sich darauf verlassen könne: indem viele einen, oder auch wohl mehr Striche fehlen, so dass die Rose entweder gar nicht die rechte Richtung hat: oder, wenn sie von dem Punkt, darauf sie zeiget, wegbeweget worden, bald hie, bald da stehen bleibet. Man bemerke auch nur auf einem festen Tisch die Linie, oder den Punkt, darauf die Rose von einem Compasse weiset, und setze sodann einen andern auf dieselbige Stelle, oder man lasse den Compasskasten stehen, nehme die Rose ab, und setze die Rose von einem andern Compass auf den Stift; so wird man sehen, wie selten zween Compasse einerley Richtung haben, und dass es nicht so leicht sey, als man gedenket, einen richtigen Compass zu erhalten.

Die Ursache ist: ¹) weil die Magnetnadel, welche die Compassrose richten soll, schlecht beschaffen ist. Man nimmt dazu ein dünnes Eisen, welches in der Mitte durchgeboret wird, um die Pfanne, oder das Hütchen zu fassen, darauf die Rose läuft: oder (welches noch elender ist) man nimmt nur einen dunnen eisernen Drath, welcher nicht einmal in gerader Linie von Süden nach Norden gehet, sondern in Form einer länglichen Raute um den Mittelpunkt gebogen ist. Dergleichen Nadeln haben niemals richtige Pole, wie man leicht sehen kann, wenn man ein Stück Papier darüber leget, etwas Eisenfeil darauf streuet, und ein wenig an das Papier schläget. Das Eisenfeil, welches sich nach dem Zuge der Magnetnadel richtet, wird sodann anzeigen, ob die Pole der Nadel in gerader Linie liegen, oder nicht; ob der Mittelpunkt der magnetischen Kraft recht in der Mitte der Nadel sey; und ob vielleicht, wie bey den gewönlichen Nadeln oft vorfällt, sogar ausser den beyden Enden falsche Pole, oder Anziehungspunkte daran befindlich sind. ²) Die Magnetnadel ist oft nicht recht an die Rose angepasset, so dass ihre Pole nicht mit dem Striche, den die Rose zeiget, übereintreffen. ³) Sie pfleget an die Rose angeleimet, und mit Papier überklebet zu seyn, daher man die Fehler nicht leicht entdecken kann; und dadurch sie auch leicht rostet, und verdorben wird. ⁴) Die Pfanne, (das Hütchen) damit der Compass sich drehet, und der Stift, darauf die Pfanne läuft, sind so rauh und schlecht polieret, dass sich die Rose zuweilen kaum recht bewegen will, wenn man nicht den Kasten schüttelt.

Seitdem in England die Kunst erfunden worden ist, stählerne Stangen zu Magneten zu machen, hat man angefangen, sich dergleichen gerader Stangen zu Magneten und dauerhaftern Magnetnadeln zu bedienen, und sie zu Seecompassen zu gebrauchen. Es haben sich aber bey solchen noch verschiedene Schwierigkeiten gefunden. Denn ¹) waren diese Magnetstähle entweder in der Mitte durchgeboret, und alsdann konnten sie schwerlich einen so guten Strich bekommen, als man verlangte; oder, man hatte sie, vermöge einer Hülse, welche sie in der Mitte umfassete, und darinn die Pfanne bevestiget war, aufgehänget dabey es schwer fiel, ihnen das Gleichgewicht und gehörige leichte Beweglichkeit zu geben, und der Stahl in der Hülse auch leicht Rost ansetzte. ²) Hatte die Rose durch den Magnetstahl, und das bey der letzten Art daran bevestigte Gerüste zu viel Schwere erhalten, so dass sie nicht leicht genug auf dem Stifte spielete. ³) Fiel die Rose, wenn der Kasten stark schwankete, von dem Stifte herab, wie solches bey allen gewöhnlichen Compassen zu geschehen pfleget. ⁴) War der Preis eines solchen Compasses für die meisten Schiffer zu theuer.

Die Vorsteher der Hamburgischen Gesellschaft sind demnach darauf bedacht gewesen, den Schiffern solche Compasse zu verschaffen, welche von den oberwähnten Fehlern frey, einen richtigen Zug haben, und dabey doch für mässigen Preis zu haben sind.

Nach verschiedenen sorgfältigen Versuchen ist folgendes zu Stande gebracht:

[1]) Zur Magnetnadel ist ein nicht zu schwerer, magnetisch gemachter glasharter Stahl genommen, welcher bekanntlich die grösseste Kraft erhält, und sie auch nicht leicht wieder verlieret. Sie wird mit möglichster Genauigkeit zubereitet, und da sie wohl ihrer Materie als Bereitung nach sehr verschieden ausfallen kann, so dass unter dreyen oft nicht zwey gut sind; so werden nur die besten ausgesuchet. [2]) Diese ist nicht in der Mitte durchbohret, sondern aus einem geraden an den Enden zugespitzten Stücke. [3]) Es ist auch dafür gesorget, dass der Mittelpunkt der magnetischen Kraft mit dem Punkte, um welchen die Nadel sich herumdrehet, übereintreffe, und die Richtungslinie derselben recht durch die Mitte gehe, welche mit einem Striche, von einer Spitze zur andern, bezeichnet ist, daher man gleich sehen kann, ob sie auf die Hauptlinie der Rose passe, wodurch verhütet wird, dass der Compass keine falsche Missweisung habe. [4]) Sie ist oben auf der Rose frey zu sehen, so dass man sowohl Rost, als andere Fehler, daran leicht wahrnehmen kann. Dabey ist doch die Rose so gut ins Gleichgewichte gebracht, dass sie sich leicht beweget und nicht schwanket. [5]) Der Schiffer kann sie auch, wenn etwas daran verdorben wäre, ohne alle Umstände selbst abnehmen, und wieder eben so leicht auf der Rose bevestigen. [6]) Die Pfanne, (das Hütchen) damit die Rose auf dem Stifte läuft, ist von polirtem Glase, welches sich inwendig immer glatt erhält, und dadurch also die Bewegung derselben ungehindert bleibt. [7]) Der Stift, darauf die Pfanne gehet, ist eine wohlpolierte Nähnadel, welche in eine Zange gesteckt ist. Wenn also die Spitze derselben durch einen Stoss, oder andern Zufall, beschädiget wäre, oder mit der Zeit stumpf würde, so kann man sie leicht heraus nehmen, und eine andere starke Nähnadel, die aber von gleicher Länge, und mit einer guten Spitze versehen sein muss, an ihrer Stelle in die Zange stecken. [8]) Die Anhängestifte, worauf der Compasskasten sich beweget, sind so angebracht, dass die Spitze des Stiftes, worauf die Rose läuft, bey dem Schwanken des Schiffs und des Kastens selbst doch in der Mitte bleibe, und nicht so viel hin und her beweget werde, als bey den meisten andern Compassen. [9]) Da, wie zuvor gemeldet, die meisten Compasse, durch starkes Schwanken des Schiffes, von dem Stifte abfallen, und solches dem Steuermann eine grosse Ungelegenheit ist, als welcher nicht Zeit hat, den Deckel des Kastens offen zu machen, sondern nur durch öfteres Schütteln die Rose wieder darauf zu werfen suchet, dadurch aber die Spitze und Pfanne verderbet; so ist die Pfanne von diesen Compassen unten so verwahret, dass, wenn der gläserne Deckel geschlossen ist, die

Rose durch kein Schwanken oder Schutteln von dem Stifte abfallen kann. [¹⁰]) Da leyder die Schiffer gewohnt sind, einen Compass, obgleich ihre eigene Wohlfahrt, und das Interesse des Rheders sehr viel darauf ankommen kann, für schlechten Preis zu kaufen; so hat man Anstalten gemacht, dass die kleineren Compasse gar nicht teurer zu stehen kommen, und dennoch, die gehörige Richtigkeit, nach obigen Proben, zeigen müssen.

Die Rose eines solchen Compasses ist über $5\frac{1}{2}$ Zoll breit, und zeiget, nebst den 32 Windstrichen, auch halbe und viertel Striche. Die Magnetnadel daran ist über 5 Zoll lang. Der innere Kasten ist von Meszing, und das Glas in einem wohleinschliessenden Deckel, den man aufmachen kann, bevestigt. Er ist, wie gewöhnlich, mittelst ein Paar Ringe, in einem viereckten hölzernen $8\frac{1}{4}$ Zoll breiten, $6\frac{1}{2}$ Zoll hohen Kasten, der mit einem Schiebdeckel versehen ist, schwebend aufgehänget. Auf dem Kupferstiche der Rose sind, zum Kennzeichen, die Worte: **Hamburger Gesellschafts Compass**, mit weissen Buchstaben zu sehen. Sie sind hier, in Hamburg, bey dem Mechanicus *Neubert*, welcher von aller nöthigen Vorsicht bey Verfertigung derselben wohl unterrichtet, und durch wiederholte Proben geübet ist, am Jungfernstiege, für 4 Rthlr. Courant fertig zu haben.

Wer einen Compass mit einer grössern Rose und Magnetnadel, bessern Kasten u. s. w. haben will, kann ihn daselbst, auf ähnliche Weise gemacht, nach Verlangen bekommen.

Man weiss, dass die Magnetnadel eines Compasses durch einen Blitz, und durch andere Zufälle verdorben werden, und dadurch das Schiff in grosse Gefahr gerathen kann. Zur Vorsicht wäre demnach einem jeden Schiffer anzurathen, noch eine dergleichen Magnetnadel, welche 3 ℔ Lübisch kostet, in Vorrath mit sich zu führen, da er sodann die verdorbene abnehmen, und die andere aufsetzen, jene aber bey seiner Zurückkunft für 8 Schilling, wieder in guten Stand gesetzet, erhalten kann.

Es wird den Schiffern bekannt seyn, dass kein Eisen in der Nähe des Compasses sich befinden müsse. Es muss auch in der Zeit, da man den Compass beobachten will, nicht auf dem Deckelglase gewischet, oder gerieben werden, weil solches die Magnetnadel auf eine Zeitlang in Unordnung bringen kann. Die Schiffer haben die Gewohnheit zween Kompasse beym Steuerruder in einem Gehäuse neben einander zu setzen, dadurch sie meinen desto sicherer zu fahren. Es haben uns aber verschiedene Proben gezeiget, dass ein Kompass noch in ziemlicher Entfernung auf den andern würke, und dadurch beyde aus ihrer Richtung gebracht wurden. Demnach ist sehr zu rathen, dass die Schiffer nur einen guten Compass beym Steuer haben, und den andern an einem entfernten Orte des Schiffs, wo kein Eisen, als Thürhänge, Schloss u. d. gl. in der Nähe ist, in Vorrath bewahren mögen.

Diese **Nachricht für die Schiffer** erscheint nach mancher Richtung sonderbar, doch bedenke man, dass noch mehr als ein halbes Jahrhundert verging, bis der in Göttingen lehrende, deutsche Professor *Gauss* erkannte und die Erkenntnis verbreitete, wie die Kraft eines Magnet genau bestimmt werden könne. Die Einstellungsfähigkeit der Kompassrose wird noch jetzt so geprüft, wie die »Nachricht« vorschreibt, d. h. man lenkt die Rose nach Osten und nach Westen ab und beobachtet, ob sie sich genau wieder einstellt, — nur kann dies mit den jetzigen Peilvorrichtungen erheblich genauer geschehen als früher, ausserdem, werden ehe man die Rose auflegt, die Pinne (Stütze, der Stift) und die Pfanne d. h. die Rundung im Stein des Hütchens genau geprüft ob jene spitz genug und rein, diese glatt genug ist. Eine Nähnadel als Pinne hatte s. Z. *Gowin Knight* empfohlen, natürlich wurde sie bald verworfen, aber erst *Wm. Thomson's* (des späteren *Lord Kelvin's*) Vorgehen veranlasste die Einführung guter Pinnen auf vielen Schiffen, — ob auf allen scheint mir fraglich, jedenfalls werden sie in sehr vielen Fällen nicht häufig genug gewechselt. — Glas als Stein im Hütchen (Dobben) ist auch schon lange verworfen, grauer Agat und Rubin benutzte man statt dessen; letzterer ist mir von Uhrmachern und Edelsteinkennern als dafür ganz unpassend bezeichnet, ersterer genügt heutigen Ansprüchen ebenfalls nicht, nur Beryl und ähnliche »Ganz«-Edelsteine sollen verwendet werden. Die Schiffe werden jetzt so gebaut, um besser zu steuern als früher, und mit den jetzigen Einrichtungen können sie viel besser gesteuert werden. — Die Aufstellung der Kompasse ist auch jetzt nicht überall einwandfrei; man mag noch Schiffe finden, die zwei Steuer-Kompasse haben, die nicht genügend weit von einander entfernt sind, noch häufiger aber Eisen in der Nähe des Kompasses, das durch anderes Metall oder durch Holz ersetzt sein könnte. — Die Ansicht, wenn ein Kompassmagnet durch Blitzschlag (auch Nordlicht) seine Kraft verloren hat, wird der Reserve-Magnet gut geblieben sein: Die ist sehr anfechtbar. — Es ist jedenfalls zuzugestehen, dass die »Nachricht für Schiffer« damaligen Anschauungen entsprach und wohl bessere Beachtung und Behandlung der Kompasse veranlassen konnte.

Zu der Internationalen Maritimen Ausstellung in Bordeaux i. J. 1807, hatte ich als Korrespondirendes Mitglied der *Société de Géographie Commerciale de Bordeaux* meine Arbeiten eingeschickt. Darauf erhielt ich von dem gleichzeitigen Kongress der Geographischen Gesellschaften Frankreichs das Diplom für eine Medaille en vermeil und die *Société d'Océanographie du Golfe de Gascogne* ernannte mich zu ihrem korrespondierenden Mitglied. Diese Auszeichnungen waren nur möglich durch die langjährige mir zu Teil gewordene, gütige Unterstützung. — Bei der Benutzung der Karten und Bücher des *Hamburger Staatsarchivs*, der *Commerz-Bibliothek, Stadtbibliothek* und *Bibliothek der Patriotischen Gesellschaft*, der staatlichen *Navigationsschule*, des *Bureau für Strom und Hafenbau*, sowie der *Instrumente* im *Museum für Kunst und Gewerbe*, für *Hamburger Geschichte* und des *Physikalischen Staatslaboratoriums* ist von deren Leitern und Beamten, soweit mit ihnen in Berührung ich kam, jedes mögliche Entgegenkommen bewiesen. Für ersterwähnte und diese Unterstützung meiner Arbeiten erstatte ich hier nochmals aufrichtigen, verbindlichsten Dank.

Hamburg 1909, Dezember.

A. SCHÜCK.

Berichtigungen.

Seite	Zeile					
3,	5	von oben statt	Kellinghusen	lies	Kellinghusens	
26,	2	»	»	»	Taf. 6, Fig. 2	» Taf. 7, Fig. 5
26,	16	»			» 6 »	» 7
26,	17				» 7 »	» 8
26,	22	»	»	»	5 »	» 6
26,	24		»		8 »	9
26,	11	»	unten	»	» 6 »	7
28,	3		»	»	Taf. 11, » 1	» Taf. 11, » 2

Inhalt.

Seite		Tafel
3	Beitraggeber	
4—6	Zwei Auszüge aus Verhandlungen und Schriften der Hamburgischen Gesellschaft zur Beförderung der Künste und nützlichen Gewerbe.	
5—8	Hänge-(Kronen-)Kompass (*Museum für Kunst und Gewerbe*)	1
8—10	Ferreira-Kompass (*Patriotische Gesellschaft*)	2—4
10—12	Azimuth (Peil)-Kompass (*staatl. Navigationsschule, jetzt Museum für Hamburgische Geschichte*)	5—6
12—13	Hamburger Gesellschafts-Kompass (*Physikalisches Staats-Laboratorium*)	7
14, 15	(Abbildung 1) Wilhelm Heinrich Iven's Kompasse (*Museum für Hamburgische Gesellschaft*)	10
15	J. C. H. Scheffler's Kompass (*Mus. f. Hamb. Gesch.*)	6
16	J. Kosbü's Kompass (*Marine Inspektion, jetzt Museum für Hamburgische Geschichte*)	10
7, 9, 12—14, 16—18	(Abbildung 1) Kompassmagnete	1, 2, 3, 7, 10
7, 13—15, 18—20	Hütchen (Dobben) und Pfanne	1, 6, 7, 8
20	Messingrand	2
9, 14, 21—24, 27—30	(Abbildung 2—3) Blatt der Kompassrose	1—3, 5, 7—11
5, 9, 24, 25, 31	Nordmarken dieses Blattes	1, 3, 5, 7—11
5, 26, 29	Ostmarken (Süd- und Westmarken)	1, 3, 7—11
24, 29, 31	Missweisung und Missweisungsmarken	11
5, 7, 10, 11, 17, 18	Kompasspinne(stift)	1, 3, 6
11	Abhebevorrichtung für die Kompassrose	6
7—10, 13—15	Kompasskessel (-dose, -kasten)	2, 4—6
10	Kompassgehänge	2, 4—6
8—11, 31	Peil(Visir)vorrichtung und Schattenfaden, -Stift	2, 4—7
32	Erste Erwähnung des Wortes »Kompass« zur Bezeichnung dieses Instrumentes als zur Schiffsausrüstung gehörend.	

Anhang.

34—41	Den Kompass betreffende Sitzungsberichte der *Hamburger (Patriotischen) Gesellschaft zur Beförderung der Künste und nützlichen Gewerbe*. 1765—1790	
42—46	Nachrichten für Schiffer derselben Gesellschaft, den Kompass betreffend. 1768	

Tafel 1.

		Seite
Fig. 1	Unteres Blatt der Kompassrose vom Hänge-(Kronen)Kompass (*Museum für Kunst und Gewerbe*). Jahr 1768?	5—7, 24, 25
Fig. 2	Oberes Blatt derselben mit Magnet	7, 24
Fig. 3	Pinne (Stift, Stütze) mit Hütchen derselben	7, 19
Fig. 4a	Kompassmagnet, (*Museum f. Hamburg. Geschichte*), Seitenansicht	16—17
» 4b	Mittelstück dieses Magnet von oben gesehen	

Tafel 2.

			Seite
Fig. 1	Ferreira's Kompass, Schrägansicht (Patriotische Gesellschaft) 1771		8—9
Fig. 2	Blatt der Kompassrose von C. F. Petersen, Hamburg, St. Pauli	Museum für Hamburg. Geschichte	20, 23—26
Fig. 3a	Magnet der Kompassrose von C. F. Petersen Seitenansicht		13, 16—17
Fig. 3b	Mittelstück dieses Magnet von oben gesehen		13, 16—17
Fig. 4a	Kompassmagnet, Seitenansicht		13, 16—17
Fig. 4b	Mittelstück dieses Magnet von oben gesehen		13, 16—17

Tafel 3.

Fig. 1	Ferreira's Kompass, Blatt der Kompassrose; (Patr. Ges.) 1771	9—10
Fig. 2	Ferreira's Kompass, Magnet	9, 13
Fig. 3, 4, 5	Kompassmagnete; (Museum für Hamburgische Geschichte)	16
Fig. 6a	Kompassmagnet nach Servington Savery of Chilston, Seitenansicht	13, 17—18
Fig. 6b	Derselbe von oben gesehen	13, 17—18
Fig. 7a	Kompassrose nach Servington Savery of Chilston, Seitenansicht quer zu den Magneten	13, 18
Fig. 7b	Dieselbe, in der Längenrichtung der Magnete (Staatliche Navigationsschule)	13, 18
Fig. 8	Kompassmagnet (Museum für Hamburgische Geschichte)	17

Tafel 4.

Fig. 1	Ferreira's Kompass, Perspektivische Ansicht des inneren Kastens (Patriotische Gesellschaft)	9
Fig. 2	Derselbe Seitenteil, Schrägbrettchen und Fensterteil mit Visirfaden	9

Tafel 5.

Fig. 1	Peil(Azimuth)-Kompass der staatlichen Navigationsschule, Schrägansicht (Museum für Hamburgische Geschichte)	5, 10—11
Fig. 2	Derselbe, von oben gesehen	10—11
Fig. 3	Nordmarke der jetzigen Rose dieses Kompasses	10, 26

Tafel 6.

Fig. 1	Peil(Azimuth)-Kompass der staatlichen Navigationsschule Hoch(Vertical)-Schnitt	5, 10—11
Fig. 2	Kompasskessel aus Holz von C. H. Scheffler, Hamburg 1815, die Kessel der Kompasse von W. H. Iven (um 1800?) sind diesem sehr ähnlich (Museum für Hamburgische Geschichte)	15
Fig. 3	Englisches Glocken-Hütchen, mit einem englischen Schiff (später Pluto) angekauft (Museum für Hamburgische Geschichte)	19
Fig. 4, 5, 6	Hütchen (Dobben) für Sturmrosen, 5b, Bügel von 5a, 6b Gehänge von 6a, beide von oben gesehen (Mus. f. Hamb. Gesch.)	19—20

Tafel 7.

Fig. 1	Blatt der Kompassrose mit Magnet der Hamburger Gesellschaft	5,12-13,24,25
Fig. 2	Blatt der Kompassrose der Hamburger Gesellschaft, Unterseite	13
Fig. 3	Blatt der Kompassrose der Hamb. Gesellsch Hoch(Vertikal)-Schnitt	13
Fig. 4	Schattenstift	31

Tafel 7 (Fortsetzung). Seite

Fig. 5	Nordmarke der Rose im Kompass von *C. H. Scheffler*, Hamburg	26
Fig. 6	Nordmarke einer Rose von *C. Plath*, Hamburg (staatl. Nvgtsch.)	26
Fig. 7 a	Nordmarke einer Rose von *Kvsbü*, Hamburg, 7 b Ostmarke derselben Rose (*Museum für Hamburgische Geschichte*)	26
Fig. 8	Nordmarke einer Rose v. *G. Hechelmann*, Hamburg (staatl. Nvgtsch.)	26
Fig. 9	Nordmarke einer Rose v. (*Kaiser*) *W. C. Olland*, Utrecht (Nvgtsch.)	26

Tafel 8.

Fig. 1	Kompassrosenblatt aus der Elbkarte von *Melchior Lorich* 1568	21, 25, 26
Fig. 1 a	Nordmarke aus *M. Lorich's* Plan von Konstantinopel 1559	21, 25
Fig. 1 b	Nordmarke aus *M. Lorich's* Karte von Vierlanden 1575	21, 25
Fig. 2	Kompassrosenblatt aus der Karte: Circulus Saxoniae inferioris von *Justinus Dankerts*, nach 1616	21, 25, 26
Fig. 3	Kompassrosenblatt aus der Karte: Grundriss der Stadt Schleswig nebst der alten und neuen Insel Helgoland, 1629, aus Helgolandt nach 1649 von *Johannes Mejer*	22, 25
Fig. 4	Kompassrosenblatt aus der Karte der Vierlanden von *Johannes Brüsel* (aus Lübeck) und *Joh. Pfannenstiel* (aus Hamburg) 1646	23, 26
Fig. 5	Kompassrosenblatt aus der holländischen Seekarte (Sunda Inseln usw.) auf Pergament, in der Hamburger Commerzbibliothek, Ende des 17. Jahrhunderts	23, 26
Fig. 6	Kompassrosenblatt aus der Karte: Elbe von Vierlanden bis Blankenese von *Hinrig Schaden* 1702, gestochen von *Westphalen*	23, 25
Fig. 7	Kompassrosenblatt aus der Karte: Hamburg und Harburg bis Blankenese von *J. H. Baxmann Ing.* nach 1776	23, 25
Fig. 8—10	Alte Hütchen (Dobben) von Kompassrosen (*Mus. f. Hamb. Gesch.*)	19

Tafel 9.

Fig. 1—2	Kompassrosenblatt aus der Karte: Abris von dem Herligkeit Ritzebüttel von *Claus Jans Rollwagen* und *Jacob de Moll*, 1618	22
Fig. 3	Kompassrosenblatt aus derselben Karte, gestochen von *Johann Dirck* nach 1653	22
Fig. 4	Kompassrosenblatt aus der Elbkarte von *Aegidius a Couwenberghe* 1621 (Stadtbibliothek)	22, 25
Fig. 5	Kompassrosenblatt aus dem Plan von Hamburg (Sciographia Hamburgi Civitatis) von *Di Diricksen* 1644	23
Fig. 6—7	Kompassrosenblatt aus der Karte: Land und Watt bei der Oste Mündung von *N. C. Sooth* 1718 April und Juli 16.	23
Fig. 8	Nordmarken aus der Karte vom Vorlande von Ritzebüttel und Gränz-Stein nach dem Hannöverschen von *Bern* ungef. 1734	26
Fig. 9	Kompassrosenblatt aus der Karte: Neufelder Deich und dessen Vorland von *P. Fährr* 1744	23, 25
Fig. 10	Kompassrosenblatt aus der Karte: Schloss Ritzebüttel bis Bederkesa, vermessen durch *Capitein Trelle*, cop. durch *C. G. Gasschütz* um 1750	23
Fig. 11	Kompassrosenblatt aus der Karte: Zum Groden, Amtes Ritzebüttel von *David Benjamin Opitz* 1755 Dezember	23, 25, 27

Tafel 10.

		Seite
Fig. 1 und 2	Blätter der Kompassrosen von *W. H. Iven*, Hamburg, Oberseite	24, 26
Fig. 3	Blatt einer Kompassrose von *J. Koch?*, Hamburg mit 3 Magneten, Unterseite (*Marine Inspektion*, jetzt *Mus. f. Hamb. Gesch.*)..	18
Fig. 4 und 5	Nordmarken von Kompassrosen von *D. Filby*, Hamburg (*Vogtsch.*)	26
Fig. 6	Nordmarke einer Kompassrose von *Campbell*, Hamburg (*M. f. H. G.*)	26
Fig. 7	Nord- und Ostmarke einer Kompassrose in einer Karte von *Treu*, Hamburg (Handzeichnung) 1743 ...	26

Tafel 11.

Fig. 1	Kompassrosenblatt aus dem Stadtplan von Hamburg von *Arent Petersen* 1644 ...	23, 25, 26, 28, 29
Fig. 2	Kompassrosenblatt aus: Charte von der Grenze zwischen dem Kgl. Hannöverschen und Hamburg Ritzebüttelschen Territorium von *W. von Rönn* und *J. A. Hühn* 1827 ...	24, 25
Fig. 3	Kompassrosenblatt aus der Elbkarte Marschhacht bis Blankenese usw. von *N. H. Olbers* und *Christian Möller* 1628—1672...	27, 28, 29
Fig. 4	Kompassrosenblatt aus: Mündungen der Weser und Elbe bis Weslinghuzen, *S. G. Zimmermann* 1721 ...	27, 28, 29
Fig. 5	Kompassrosenblatt aus der Elbkarte Altengamme bis Nienstedten von *Joh. Baptist Homan*, Nürnberg 1730 ...	27
Fig. 6	Kompassrosenblatt aus: Hamburg, St. Pauli ? 1734 ...	27, 28
Fig. 7	Nordmarke aus: Weser- und Elbe-Mündung, *Hasenbanck* 1751..	28
Fig. 8	Nordmarke aus: Deutsche Bucht, Borkum bis Horns Riff 1762	28
Fig. 9	Kompassrosenblatt aus der Elbkarte, Geesthacht bis See, *Cornelis Martin Wohlers* und Sohn *Christian Peter* 1775?..	28, 29
Fig. 10	Nordmarke aus: Mündungen der Weser, Elbe, Eider, Hever, *Simon Jansen* in Husum 1776..	28
Fig. 11	Nordmarke aus: Mündungen der Weser, Elbe, Eider, Hever, *J. D. Trock* ...	28
Fig. 12	Südmarke aus dem Grundriss von Altona, *W. C. Practorius* 1780	29
Fig. 13	Kompassrose aus: Mündungen der Weser, Jade, Elbe, Eider, *Johan Mensing*, Bremen 1791 ...	27, 28
Fig. 14	Kompassrose aus: Harbour of Heligoland, *S. Dickinson* 1808..	27, 28, 36
Fig. 15	Kompassrose aus der Karte: das Gebiet der Stadt Hamburg usw., *P. G. Heinrich* 1810 ...	27, 28, 29
Fig. 16	Nord- und Ostmarke aus: Reede von Lübeck bis Hamburg, *C. M. Wohlers* 1810 ...	28, 29
Fig. 17	Kompassrose aus: Die Leuchttürme an der Deutschen Nordseeküste ? 1830 ? ...	27, 28, 29
Fig. 18	Nordmarke aus: Stromkarte der Elbe, Geesthacht bis Blankenese usw., *H. Hübbe* und *H. Blohm* 1849 ...	28, 29
Fig. 19—22	Nordmarken aus: See-Atlas von Schweden, von *Gustav af Klint* 1795—1816, in der *staatlichen Navigationsschule* ...	30

Die Karte zu Tafel 8, Fig. 5 befindet sich in der *Commerzbibliothek*, die zu Tafel 9, Fig. 4 in der *Stadtbibliothek*. Tafel 11, Fig. 2—18 sind abgezeichnet im *Bureau für Strom und Hafenbau*, alle Anderen in dem *Staats-Archiv*, Abbildung 1 von einem Kompass *W. H. Iven*, Abbildung 2 und 3 aus Atlanten der *staatlichen Navigationsschule*.

A. Schück. Alte Kompasse in Hamburg   Tafel 1

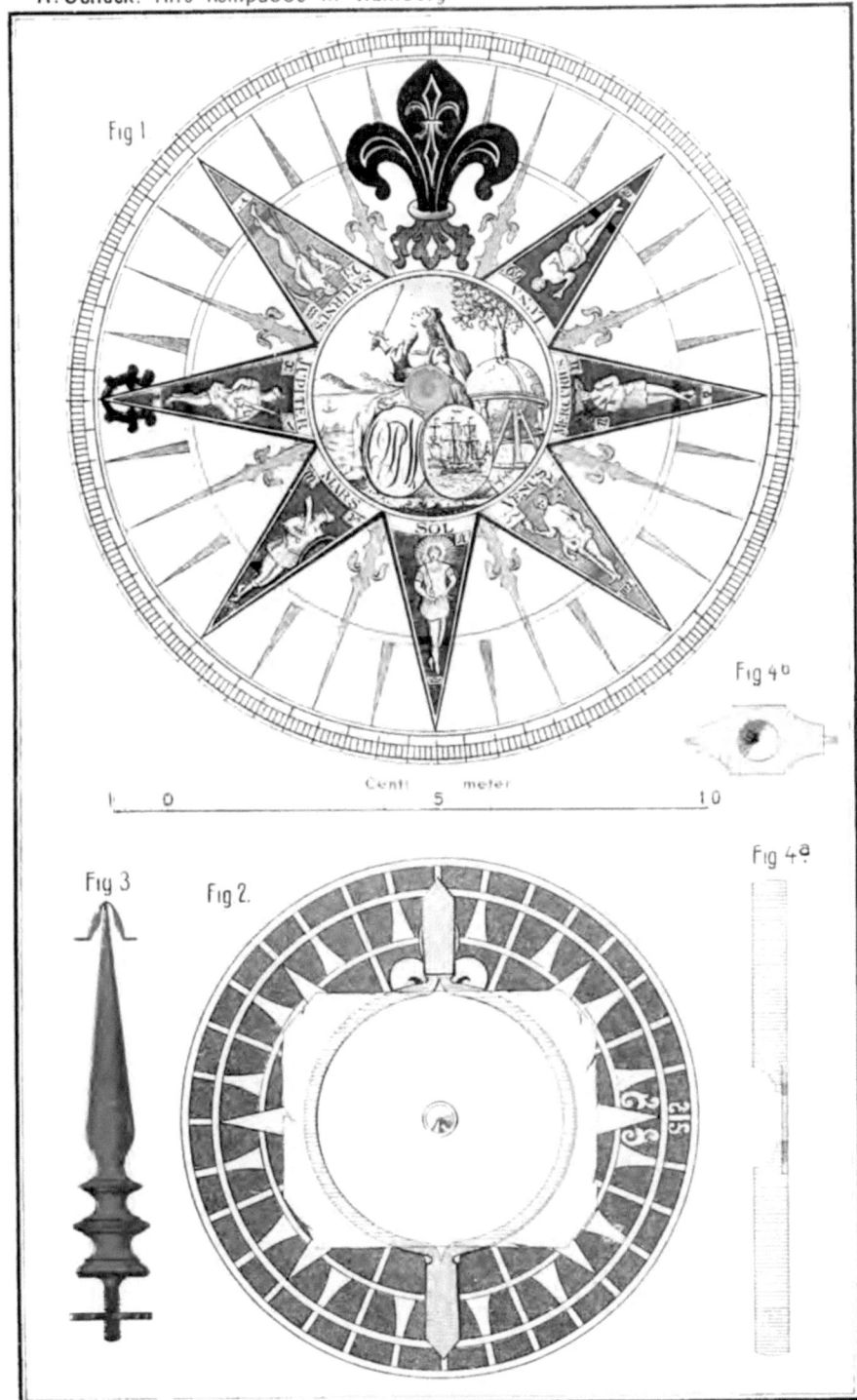

Tafel 1.
Alte Kompasse
in Hamburg

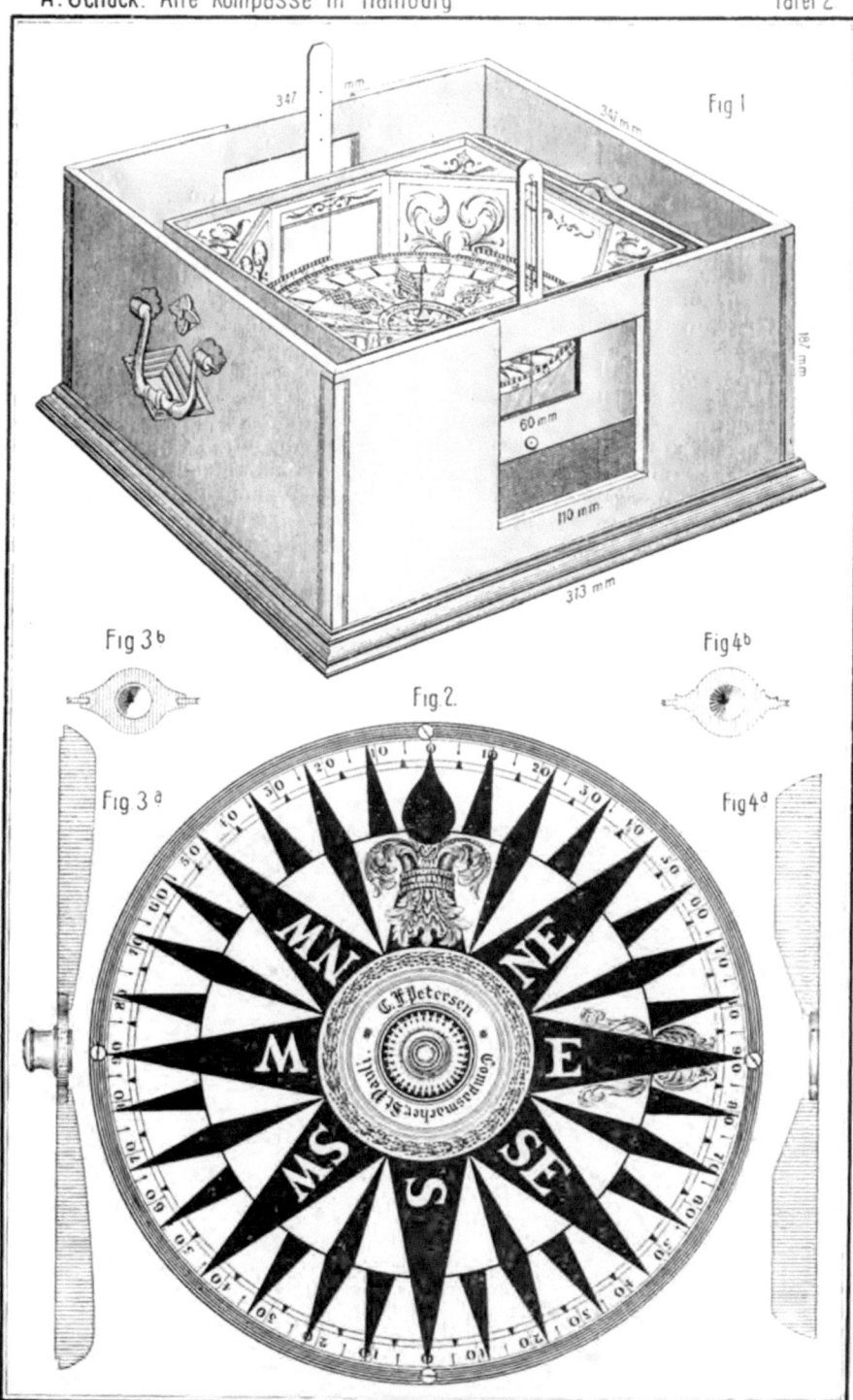

Tafel 2.
Alte Kompasse
in Hamburg.

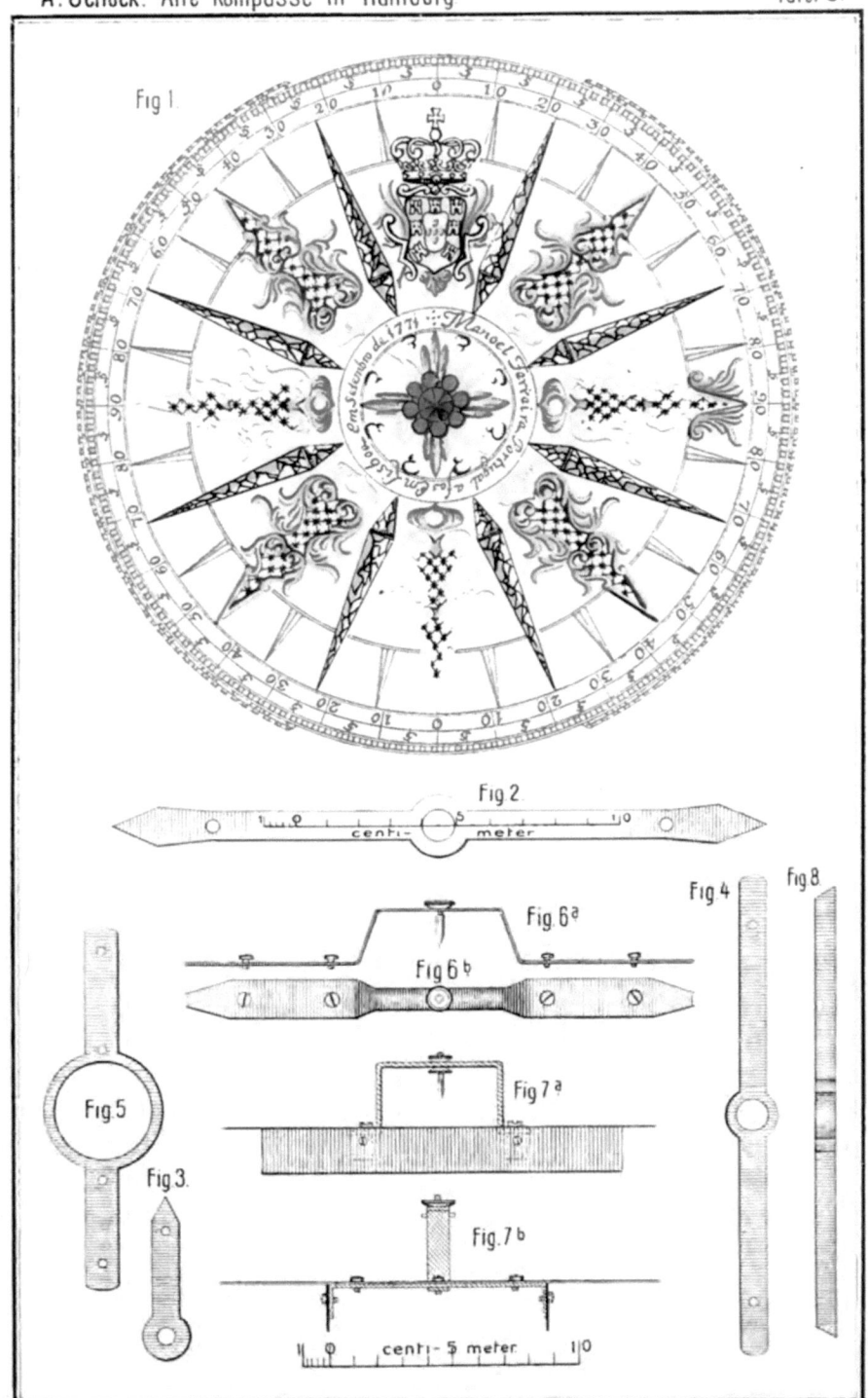

Tafel 3.
Alte Kompasse
in Hamburg.

A. Schück. Alte Kompasse in Hamburg. Tafel 4.

Druck von Gebr. Sulter Hamburg 8.

Tafel 4.
Alte Kompasse
in Hamburg

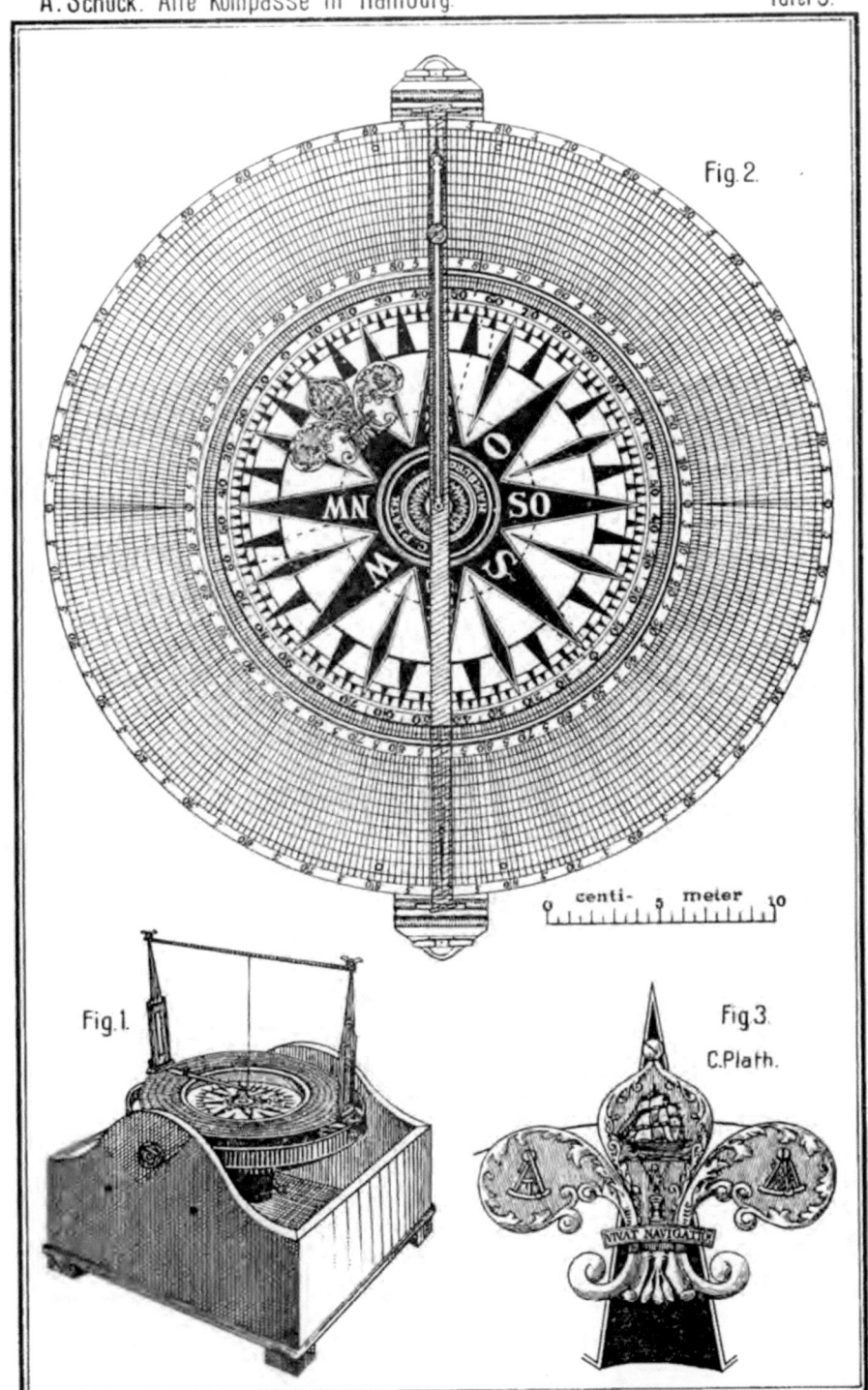

A. Schück. Alte Kompasse in Hamburg. Tafel 5.

Fig. 2.

Fig. 1.

Fig. 3.
C. Plath.

Tafel 5.
Alte Kompasse
in Hamburg.

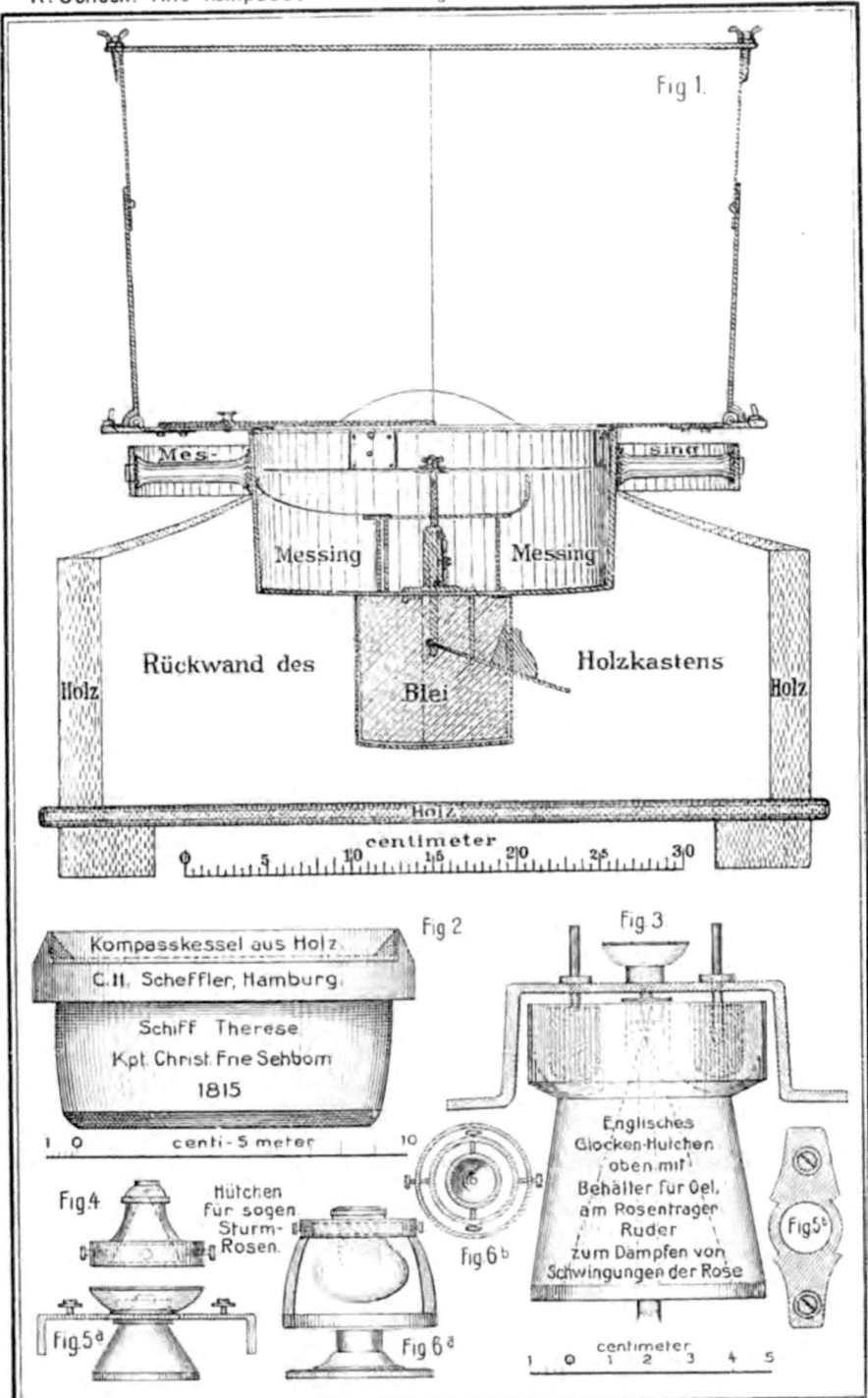

Tafel 6.
Alte Kompasse
in Hamburg.

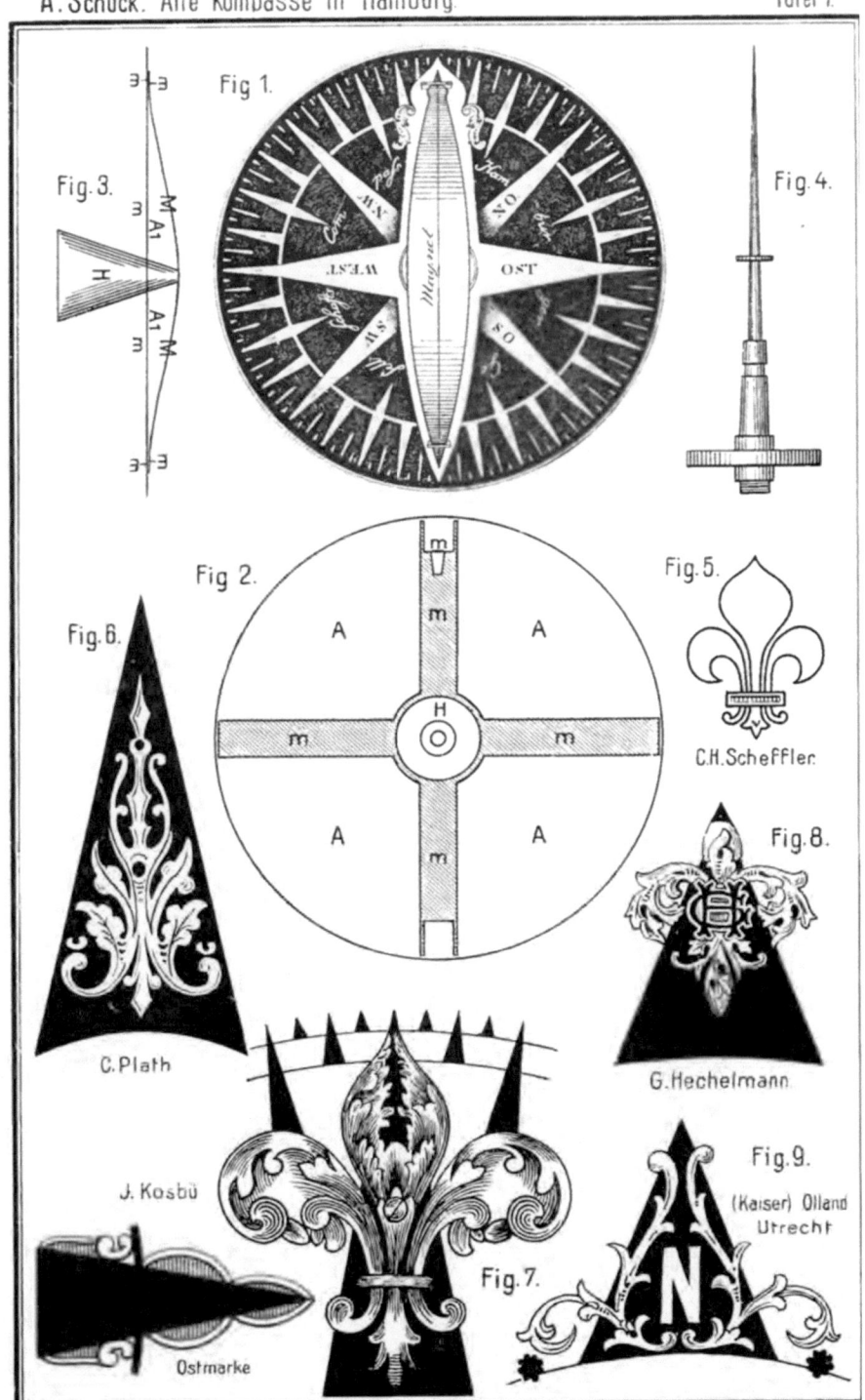

Tafel 7.
Alte Kompasse
in Hamburg.

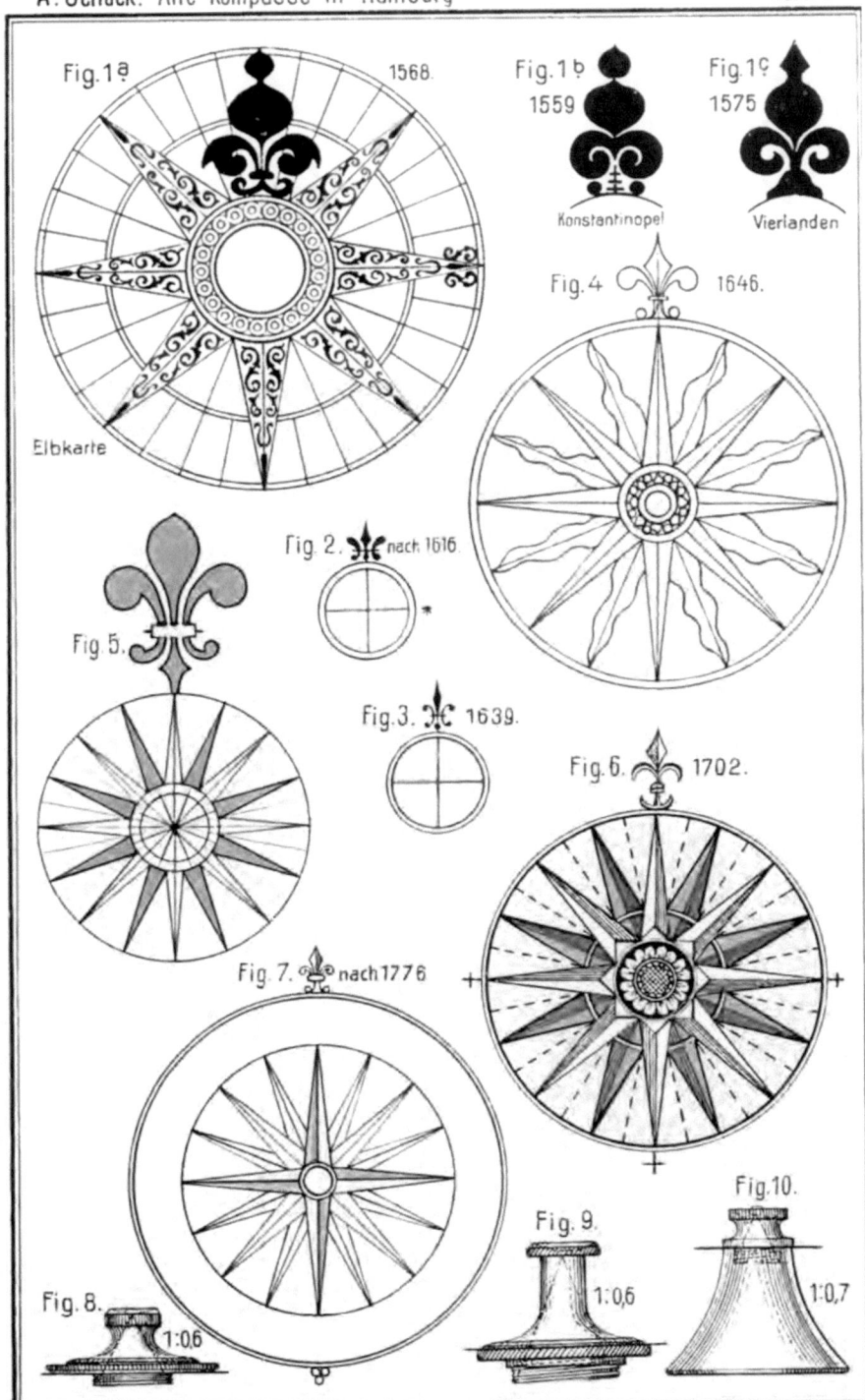

Tafel 8.
Alte Kompasse
in Hamburg.

A. Schück. Alte Kompasse in Hamburg. Tafel 9

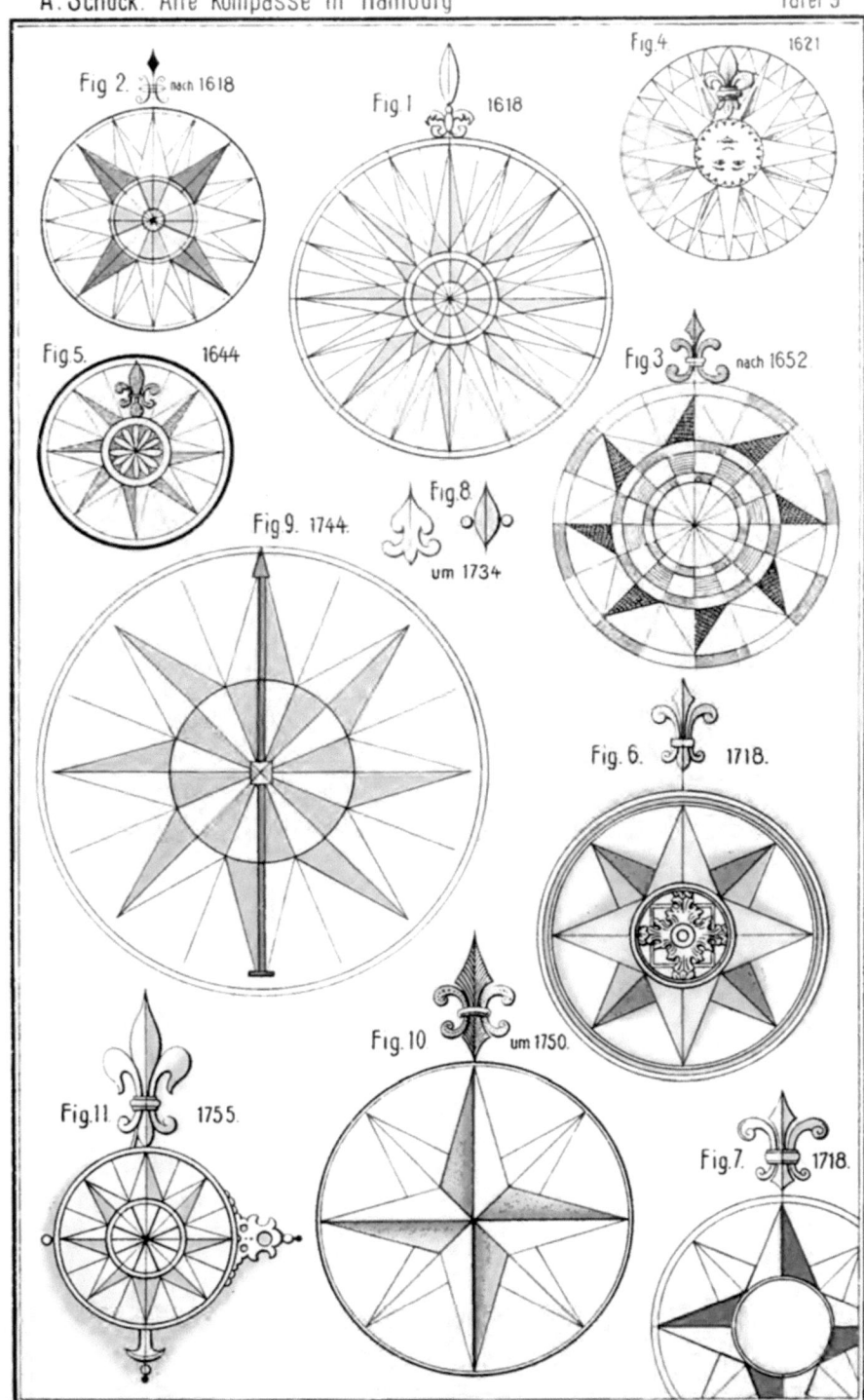

Tafel 9.
Alte Kompasse
in Hamburg.

Tafel 10.
Alte Kompasse
in Hamburg.

A. Schück. Alte Kompasse in Hamburg — Tafel II

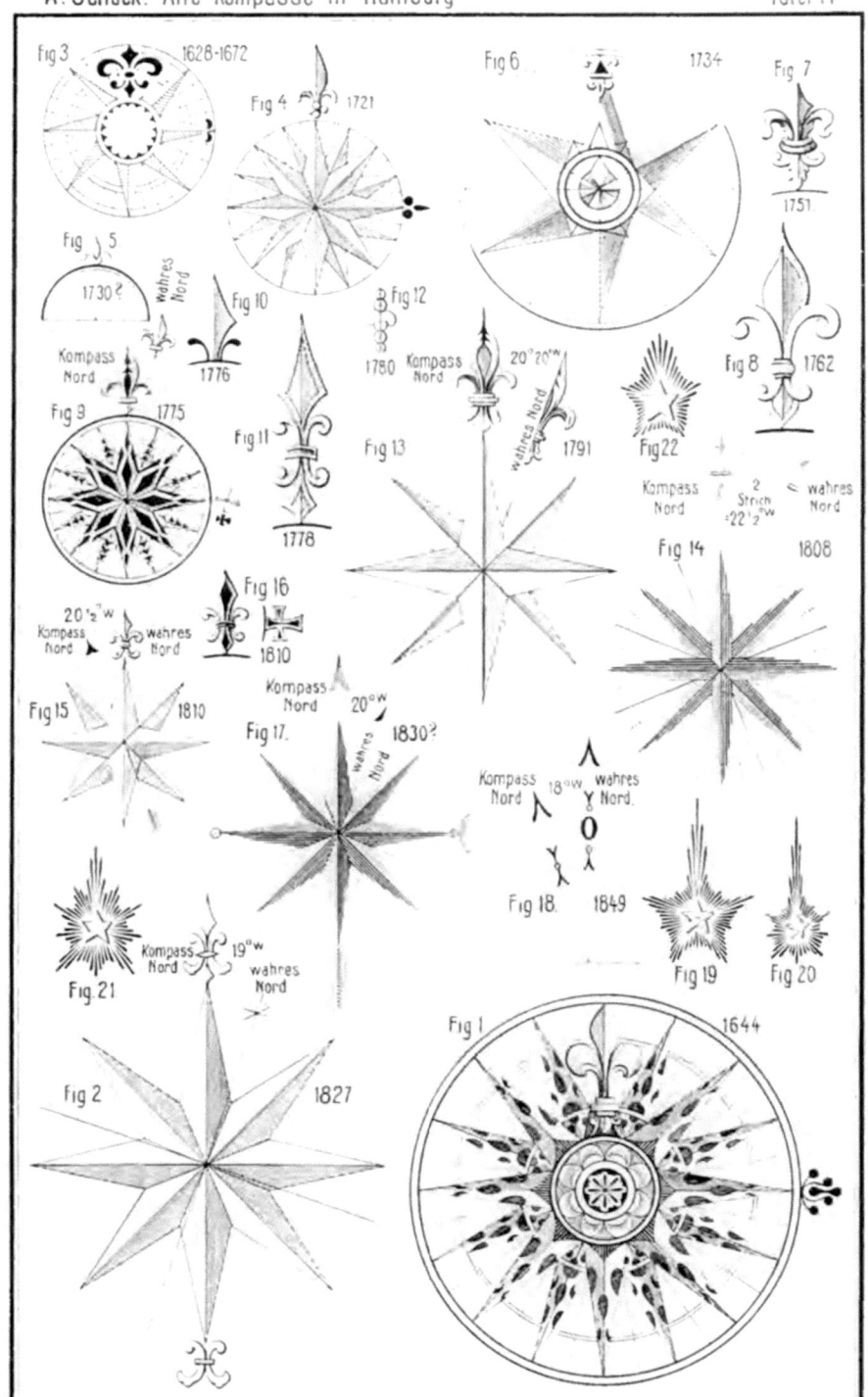

Tafel II.
Alte Kompasse
in Hamburg